逻辑沟通力

苏墨 \ 著

中国华侨出版社

北京

前言
PREFACE

日常生活中，我们无时无刻不在与人沟通。职场上，每一天和同事、领导难免有话要说；家庭中，同妻子、丈夫、父母、孩子必须进行交流；社交时，同朋友、客户势必联络感情。人与人之间沟通，懂得如何说话、说些什么话、怎么把话说到对方心坎里，这些都是很重要的。

说话的根本目的在于表达和沟通，但讲不讲逻辑，表达和沟通的效果将大相径庭。逻辑学是研究思维形式及其基本规律的科学，与人沟通时，掌握了适宜的逻辑沟通方法，就可以事半功倍。

一个注意逻辑沟通的人，遇见陌生人时，知道如何说话能跟对方达成一种"一见如故"的默契；和同事共事时，知道如何说话能得到大家的欢迎；拜访客户时，知道如何说话能赢得客户的心，从而决定购买自己的产品；跟恋人或朋友说话时，知道怎样给对方带来乐趣，加深彼此间的感情……而那些不会说话的人，笨嘴拙舌、词不达意，说出很多废话，不能与别人进行有效的沟通，不仅会坐失良机，也很难在事业上有长足发展。

总之，沟通是一种技巧，更是一门艺术。一句恰到好处的话，可以改变一个人的命运；一句不得体的话，可以毁掉一个人、一件事。当今社会，具备沟通力，才能具有更强的竞争力。

本书从实用性的角度出发，通过具体的事例，再融入逻辑理论的相关知识，将沟通艺术娓娓道来。全书介绍了逻辑沟通的重要性、提高沟通技巧的途径和方法，指导读者如何把握好说话时机、掌握与不同的人沟通的技巧、不同场景下的沟通艺术等。

阅读本书，能让你轻松化解尴尬，获取提升机会，扩大交际范围，在不同的场合，面对不同的人群，说好想说的话，说好难说的话，提高说话技巧，轻松应对生活中的各种场景，赢得友谊、爱情和事业，从而踏上辉煌的成功之路。

目录
CONTENTS

第一章
沟通是个技术活，精准表达助你提升竞争力

—

第二章
脑中有逻辑，说话得体有条理

—

第三章
话语动心，三言两语说到对方心坎里
一

第四章

刚柔并济，用逻辑灵活掌握话语主动权

第五章

高效沟通，第一句话打开陌生的闸门

第六章

巧妙应对，良好氛围让沟通事半功倍

—

第七章

找准时机，妙语连珠字字千金

—

第八章
因人表达，跟任何人都能聊得来

第九章
步步为营，说服要有逻辑

—

第一章

沟通是个技术活，
精准表达助你提升竞争力

语言带点幽默，让沟通变得有趣

幽默是运用意味深长的诙谐语言抒发情感、传递信息，以引起听众的快慰和兴趣，从而感化听众、启迪听众的一种艺术手法。如果我们的言语中能多点幽默，那么我们所说的话将会更加有趣，会吸引更多的人。

一位著名的作家曾经说过：生活中没有哲学还可以活下去，然而没有幽默的话，恐怕只有愚蠢的人才能生存。幽默是一个人的各种学识、才华、智慧在语言中的集中闪现，是一种能抓住可笑或诙谐想象的能力，它是对社会上种种不协调、不合理的荒谬、偏颇、弊端、矛盾实质的揭示和对某些反常规言行的描述。幽默的语言可以使我们内心的紧张和重压释放出来，化作轻松的一笑。在沟通中，幽默的语言如同润滑剂，可有效地降低人与人之间的"摩擦系数"，化解冲突和矛盾，并能使我们从容地摆脱沟通中可能遇到的困境。

有一对夫妇带着一个6岁的孩子去租房，他们看中了一处房子，可房东不肯将房子租给他们。原因是她喜欢安静，从不将房子租给有孩子的人。夫妇交涉无果，于是6岁的孩子对房东说："您可以将房子租给我呀，我没有孩子，只有爸爸妈妈。"房东真的把房子租给了他们。孩子从成人的视角看问题，构成了独特的趣味思维形式，让人享受到一种自然天成的天真情趣。

由此看来，幽默不是故作天真，而是从多重视角去透视事件或问题，并找出其中富有情趣的一面，对其进行凸显化、集中化的语言处理，从而化紧张、严肃为轻松、谐趣。幽默是人们适应环境的工具，是人类面临困境时减轻精神和心理压力的方法之一。契诃夫说过："不懂得开玩笑的人，是没有希望的人。"可见，生活中每个人都应当学会幽默。多一点儿幽默感，就会少一点儿气急败坏，少一点儿偏执极端。

幽默可以淡化人的消极情绪，消除沮丧与痛苦。具有幽默感的人，其生活充满情趣，许多看来令人痛苦烦恼之事，他们却应付得轻松自如。

用幽默来处理烦恼与矛盾，会使人感到和谐愉快。那么，怎样使语言富有幽默感呢？不妨试试以下几种方法：

1. 颠倒成趣

把正常的人物关系，或者动机与效果在一定条件下互换位置。

曾风靡一时的舞蹈家邓肯写信向幽默大师萧伯纳求爱，她在信中说："如果我俩结合，生下的孩子，既有我美丽的外表，又有你睿智的头脑，这该多妙呀！"萧伯纳却风趣地回信说："如果孩子的外表像我，头脑却像你，那该有多糟啊！"

2. 移花接木

把在某种场合下十分恰当的情节或语言，移植到另一迥然不同的场合中，达到张冠李戴、"荒唐"可笑的幽默效果。

生物学家格瓦列夫在一次讲课时，一位学生突然学起鸡叫，引起一片哄笑。格瓦列夫却不动声色地看了下自己的挂表说："我这只表误时了，没想到现在已是凌晨。不过，请同学们相信我的话，公鸡报晓是低等动物的一种本能。"

3. 故意卖关子

首先故意提出一个容易使人产生误解的结论，然后再做出一个出人意料的分析和解释。

作家柯南·道尔在罗马时，一次乘坐出租车去旅馆，途中两人聊了起来。司机问："你是柯南·道尔先生吗？"

"你怎么知道我的名字？"柯南·道尔奇怪地问道。

"啊，简单得很，你是在罗马车站上车的，你的穿着是英国式的，你的口袋里露出一本侦探小说来。"

"太了不起了！"柯南·道尔叫起来，他很惊奇在意大利会碰到第二个"福尔摩斯"。他习惯地问一句："你还看到其他什么痕迹没有？"

"没有，没有别的，除了在你皮箱上我还看到你的名字外。"

可见，司机故意卖关子，让柯南·道尔误以为他是第二个"福尔摩斯"。然后，司机再出乎意料地解释，造成强烈的幽默。

4. 巧设悬念

当你叙述某件趣事的时候，不要急于显示结果，应当沉住气，给听众营造一种悬念。假如你迫不及待地把结果讲出来，或通过表情动作的变化透露出来，幽默便会失去效力，只能让人感到扫兴。

美国有个倒卖香烟的商人到法国做生意。一天，他在巴黎的一个集市上大谈抽烟的好处。突然，从听众中走出一位老人，径自走到台上，那位商人吃了一惊。

老人在台上站定后，便大声说道："女士们，先生们，对于抽烟的好处，除了这位先生讲的以外，还有三大好处哩！"美国商人一听这话，连连向老人道谢："谢谢您了，先生，看您相貌不凡，肯定是位学识渊博的老人，请你把抽烟的三大好处当众讲讲吧！"老人微微一笑，说道："第一，狗害怕抽烟的人，一见就逃。"台下听众一片轰动，商人不由得心里暗暗高兴。"第二，小偷不敢偷抽烟者的东西。"台下听众连连称奇，商人更加高兴。"第三，抽烟的人永不老。"台下听众惊诧不已，商人更加喜不自禁，听众中要求解释的声音一浪高过一浪。老人把手一摆，说道："请安静，我给大家解释！"商人格外振奋，催促老人快说："老先生，请您快讲！""第一，抽烟之人驼背的多，狗一见到他认为是在弯腰拾石头打它，能不害怕吗？"台下听众笑出了声，商人心里一惊。"第二，抽烟的人夜里爱咳嗽，小偷以为他没睡着，所以不敢去偷。"台下听众一阵大笑，商人大汗直冒。"第三，抽烟人短命，所以没有机会衰老。"台下听众哄堂大笑。此时，大家发现商人不知什么时候溜走了。

这则幽默故事一波三折，层层推进，老人在把听众的胃口吊得足够"高"时，才不慌不忙地把真实意思表达出来。这就是巧设悬念的魅力。

在与别人交往时难免会发生一些摩擦。如果此时从容地开个玩笑，紧张的气氛就能得以缓解，而且对方还会被你的魅力所吸引，被你的宽广胸怀所感动，最后真正乐意地接受你。

幽默是一种智慧的表现，它必须建立在丰富知识的基础上。一个人只有具备审时度势的能力、广博的知识，才能做到谈吐幽默，妙言成趣。

因此，要培养幽默感必须不断充实自我，不断从浩如烟海的书籍中汲取幽默的智慧。

想好再说：脑中做整理，说话有条理

几乎人人都知道这样一句话："口不择言闯大祸。"没错，与别人谈话时，必须讲究方圆曲直，该说的说，不该说的就不要出口，否则口无遮拦，很容易让自己陷入危险境地。

现实生活中，言谈交际往往是一场没有硝烟的战争。谁掌握了语言的运用要领，谁就把握了战争中武器的运用要领。无数实践证明，语言策略中，宁可犯口误，也不可犯口忌。

1. 说话不可口无遮拦

纪晓岚中进士后，当了侍读学士，陪伴乾隆皇帝读书。

一天，纪晓岚起得很早，从长安门进宫，等了很久，还不见皇上到来，他就对同来侍读的人开玩笑说："老头儿怎么还不来？"

话音刚落，只见乾隆已到了跟前。因为他今天没有带随从人员，又穿着便服，所以没有引起大家的注意。皇上听见了纪晓岚的话，很不高兴，就大声质问："'老头儿'三字做何解释？"

旁边的人见此情景都吓出了一身冷汗。纪晓岚也吃了一惊，说这话本无恶意，但却被皇上听到了，且还当着众臣的面。纪晓岚突然灵机一动，战战兢兢地说："万寿无疆叫作'老'，顶天立地叫作'头'，父天母地叫作'儿'。"

乾隆听了这个恭维自己的解释，才转怒为喜，不再追究了。纪晓岚这才把提到嗓子眼儿的心放了下来。

虽然这只是个民间传说，我们不需要去考证它的真实性。但它给我们带来一个启发：即使你是铁嘴银牙，说话也不可口无遮拦。

可见，无论在什么场合、什么情况下都要把握说话的分寸，尽量做到该说的说，不该说的就不说，这样才能创造一个和谐的氛围。

2. 回避他人忌讳的内容

在与他人言谈的过程中，我们要恰当地回避他人忌讳的东西，这样才能使彼此交流融洽。

小张长得高大魁梧，读大学时有"恋爱专家"的雅号。如今他是一家外资公司的高级职员。有着英俊长相和丰厚薪水的他在众多女友中选中了貌若天仙的小丽。也许是为了炫耀自己的能耐，小张带着小丽去参加朋友聚会。

就在大家天南海北闲谈的时候，同学小王无意转了话题，谈起了大学校园罗曼蒂克的爱情故事，故事的主人公自然是"恋爱专家"小张。小王眉飞色舞地讲述小张如何引得众多女生趋之若鹜，又如何在花前月下与女生卿卿我我。小丽起先还觉得新奇，但越听越不是味儿，终于拂袖而去。小张只好撇下朋友去追小丽。

小王并不是有意要揭小张的伤疤，而他口无遮拦地追忆往事确实是使小丽耳不忍闻，无端造出了乱子。这不仅使小张要费不少周折去挽回即将失去的爱情，而且使在场的人心里也不愉快。

就拿最常见的朋友聚会来说，大家不免要开开玩笑，使气氛更加欢愉，这是一种乐趣。然而，如果你把不该说的话说了，揭了朋友的伤疤，就很容易使气氛骤变，尤其是有朋友偕好友或恋人在场的时候，情况会更糟。

人常说："不打勤的不打懒的，专打不长眼的。"人生在世有很多忌讳，如果你在无意之中触犯了别人的忌讳，就会在无形之中得罪对方。所以在工作和生活中，与他人进行交谈时，一定要眼观六路、耳听八方，千万不要触犯了别人的忌讳。

3. 迎合对方感兴趣的内容

一场缺乏准备、漏洞百出的对话不但不能够让人"入瓮"，反倒让自己在别人面前失了形象。尤其在陌生人面前，与之对话一定要找个好理由。

整个南方地区日用品展会马上就要开始了，两天的展会费用需要五万元，刘念和老总商量了一下，还是狠下心来参加了。原因很简单：公司还比较小，需要给行业内的实力企业做代理，保证足够的资金支持。

参会的目的不是为了别的，就是为了认识行业翘楚。

根据展会的日程安排，第二天展会结束后，所有参会企业要参加一个商务宴会。到了第二天，刘念连展会都没参加，早早出来到当地最好的造型店做了造型，然后打车去参加宴会。当然，这期间她"复习"了很多搜集来的参会企业领导资料。

宴会上，主持人介绍了重要嘉宾之后，刘念端着酒杯优雅地朝着一位中年男士走了过去。

然后用甜美响亮的声音说："哎哟，刘哥，没想到您亲自来参会，这回见到您可比上次气色好多了，听说阿姨的病也好多了，这段时间可累坏了您这个大孝子，又忙企业又跑医院的，我们听着都心疼。"

刘总先是被这个陌生优雅的女人说得一愣，接着微微笑道："是啊，老人家就是老年病不断的，医生说现在好多了。你怎么知道的呀，不过还是很感谢你，我也代老人家向你表示感谢。"

刘念一笑："谁老了还不有个大病小情的，保养要紧，因为我妈长期生病，我自己都快成营养师了，正好我最近要去上海，到时候请您和阿姨吃饭，顺便和阿姨探讨一些养生之道。您一定要赏脸哦。"说着笑盈盈地递上了一张名片。

接着，两个人从养生聊到了展会，再从产品聊到企业。两人约好，刘念到上海"出差"时，再就企业合作的事详聊。

迎合对方的话题，才能成为"朋友"，只有双方建立了共同的感情基础，才有可能继续聊下去。

恰当的对话能拉近人与人之间的关系，从而提高办事的成功率。如果对方能对你的话题产生兴趣，那么你和他的心理距离将会大大拉近。

注重言语修为，谈吐中提升影响力

"一人之辩，重于九鼎之宝；三寸之舌，强于百万之师。"不战而屈人之兵，口才的战斗力是通过直击人的心理，让人产生巨大的心理震撼……

一个人的讲话水平，对他的生活有影响；一个企业员工的整体讲话水平，对企业的发展有影响；一个国家公民的整体讲话水平则对这个国家的兴衰以及国际竞争的成败有影响。大到修身、齐家、治国、平天下，小到求职、恋爱、晋升、谋发展，哪一样离得了口才呢？

讲话能力人人具备，但是敢讲、能讲而会讲的人却不多。许多人大都是茶壶里煮饺子——有货倒不出来，从而导致交流受阻，发展受限。

1. 不断打磨自己的语言

事业的成功与失败，往往决定于某一次谈话。在富兰克林的自传中有这样一段话：

我在自我完善的计划里，最初想做到的有十二种美德。一个做教徒的朋友，有一天告诉我，大家都认为我太自傲，原因是我的骄傲常在谈话中流露。每当辩论一个问题时，我不但固执地坚持我自以为正确的主张，而且有些轻视别人的样子。我听了他这话，立刻就想矫正这种缺点，因而在我计划表的最后一行加了"虚心"这一条。

过了一段时间，我发觉改变后的态度使我获益不少。因为事实告诉我，无论我在哪里，当我陈述意见用谦虚的方式时，会令对方容易接受而绝少反对；说错了的话，自己也不致受窘了。

在我矫正的过程中，起初的确做了很大的努力，来克服本性而去严守"虚心"这两个字；后来习惯渐成自然，数十年来恐怕很少有人见过我显露骄傲之态吧！

这全是我行为的方式所致。但除此以外，在我改善这个习惯的过程中，我更能处处地注意到谈话的艺术。我时常提醒自己，别去做一个擅长的雄辩者，由此，我和别人谈话时会迟疑一些选择字眼，也时常有意显得愚拙，不过结果是我仍然可以表达自如……

富兰克林的口才很好，事实上，这和他重视语言修为有很大关系。富兰克林说："说话和事业的进展有很大的关系。你如果出言不慎，跟别人争辩，那么，你将不可能获得别人的同情、别人的合作、别人的帮助。"这是千真万确的。所以，你想获得事业上的成功，必须具有能够应付一切的口才。

2. 粗口体现不了高贵

"文如其人"是从写作角度说的，我们也完全有理由说"言如其人"。专注力、耐受力、进取心等品质，也将使你更具个人魅力，使你的口才更富内涵。

东汉末年，狂士祢衡在庙堂之上裸身击鼓，讥骂曹操为"六浊"（"眼浊""口浊""耳浊""身浊""腹浊""心浊"）之徒，此外，他还辱骂曹操的祖父曹腾为"宦竖"，十分不给曹操面子。

曹操使出借刀杀人的毒计，把他打发给荆州刘表。刘表来个击鼓传花，将这个烫手的山芋扔给粗鲁的部将黄祖。祢衡嘲笑黄祖为毫不灵验的"庙中之神"，无疑是找死。

生活中，有些词语我们应尽可能避而不用，如矮冬瓜、瘸子、聋子、乞丐、私生子、拖油瓶、妓女、白痴……一个注重言语修为的人，一个有益于他人的人，自然易于为他人所接受，他的话也就可能被别人奉为圭臬。

在与人交往时，口才是非常重要的，但仅仅靠语言是不够的，更重要的是一个人的风度。

做好练习，让自己的话多点儿韵味

丹尼尔·韦伯斯特说："未经准备而站在听众面前，无异于裸体示众，而准备了一半，就等于只穿了一半的衣服。"这句话有些令人心惊，但为了让我们讲话时有一份轻松的心态，还是应该"先把衣服穿好"，做必要的"预讲练习"。

俗话说，"台上一分钟，台下十年功"。在与人沟通的过程中，你讲话的内容也不完全是即兴而来的，一定要做好相应的准备。需要更多的练习，要训练自己适应在不同的环境和不同的时段讲话，同时运用不同的讲话技巧。

1. 讲话不是念稿

很多人以为讲话前的准备就是事先写一篇讲话稿，然后照稿念。如果当众讲话仅仅停留在"背稿""念稿"的水平上，效果注定不会好。

在某次较正式的场合中，某校大学生代表某市学生发言。她写好了讲稿却不想照稿念，于是把稿子放进衣服口袋里开始背，结果背诵的时候忘词了，只好尴尬地掏出讲稿。念了一段感觉有把握了，又把稿子放回去接着背，结果背得结结巴巴，一会儿又断了，不得不再次掏出稿子继续念。

这名女生的发言，效果不好，跟没有做好预讲练习有很大关系。

严格地说，念稿、背稿是不能叫作"讲话"的。除了重要的场合需要写出讲稿以外，其他情况都不应该写讲稿，只需要经过深思熟虑之后整理出一个讲话提纲，讲什么主题、用什么材料、大体结构如何，都浓缩在提纲上，然后再做几次模拟预讲，最后按提纲去发表讲话就行了。

2. 锻炼语言技巧

为什么有些人说的话让人听着十分舒服，而有些人说起话来让人感觉非常刺耳呢？其实这就是说话的技巧问题了。掌握好说话技巧，既有利于建立良好的人际关系，又有利于使你更加靠近成功。

唐伯虎为一老妇祝寿，儿女欢天喜地，恭请唐伯虎为之写祝词，伯虎也不推辞，提笔写道"这个婆娘不是人"，一言既出，老妇脸现怒色，"九天仙女下凡尘"，老妇由怒变喜。"生下儿女都是贼"，儿女皆惊，恨上心头，"偷来蟠桃献至亲"，结语一出，众人欢娱。真是一波三折，充满机变，令人叹为观止。

语言能力是现代人必备的素质之一，说话不仅仅是一门学问，还是你赢得事业成功的常变常新的资本。

一个人，不管你生性多么聪颖、接受过多么高深的教育、穿着多么漂亮的衣服、拥有多么雄厚的资产，如果你无法流畅、恰当地表达自己的思想，你就无法真正实现自己的价值。

一个好的推销员不会直接跟顾客说"签合同",而是会想办法让顾客"认可上面的内容"。好口才会给你带来好的运气和财气,所以拥有好口才,就等于拥有了辉煌的前程。

恰当的问话,拉近彼此的距离

与人交谈时,掌握问话的技巧,用恰到好处的提问逐步探明对方的本意,从而达到交谈的目的。

问话的奥妙,千变万化,人们要懂得因人、因地、因事来灵活运用,在问话之前,我们一定要仔细斟酌,力求问出对方的本意来。

问话是表示虚心、表示谦逊,同时也是表示尊重对方的意思。"帮我把信寄了"就远不如说"能不能帮忙寄信"使人听了舒服。只有合理的提问才能在交谈中愉悦地达到目的。可是怎样问呢?问话的方法有很多种,收效各有高低。高明的问法使人心生喜悦,而愚蠢的问话则会引起对方失笑或者反感。

1. 有时候要明知故问

说话过程中,有时候明知道大家都知道的事,也要明知故问。

齐国国君齐景公的一匹心爱的马突然暴病死了。景公知道后暴跳如雷,下令当场肢解马夫,并大声说:"谁敢为他辩护就杀死谁!"

相国晏子对于齐景公这种无端杀人的行为,十分不满。为了解救马夫,劝谏景公,他急中生智,走上前去一把揪住马夫的头发,右手举起刀,仰面问齐景公道:"大王,有个问题不太清楚,要向你请教,古代尧舜这些贤明的君主肢解人时,不知是从哪个部位开始下刀的?"

听到这句话,景公明白晏子是在讽喻自己,他只得挥手说道:"相国,别指桑骂槐了,我不肢解他就是。"

晏子明明知道,古代尧舜这些贤君是不会肢解人的,但他明知故问,这样便暗示齐景公,肢解人是古代贤君所不为的,要做贤君就不能肢解人。晏子明知故问,巧妙地达到了自己的目的。

在现实生活中，有时候也需要明知故问，比如："你的钻石戒指很贵吧？""你儿子最近升了重点高中了啊？""听说你最近又出了一本新书，一定很畅销吧？"在这些事情上做到明知故问，对方会认为你很关心他，所以对你很有好感。他可能会接着你的话题，滔滔不绝地说下去，并且有可能说得心花怒放。

哪些事情要明知故问呢？比如，问对方最得意的事，问对方最想让大家知道的事，问对方不便说的事，只能借你的口说出来了。这样，你就可以赢得别人的好感，增进彼此之间的友谊，使双方的心更近。

2. 不该问的千万别问

王羲之是东晋时期著名的书法家，他七岁就开始练字，尚未成年，已经落笔不俗。当时，朝廷中有位名叫王敦的大将军，常常把王羲之带到军帐中表演书法，晚上，还让他跟自己一起睡觉。

有一次，王敦起床了，王羲之还没有醒。一会儿，王敦的心腹谋士钱凤进来了，两人悄悄地商量事情，谈的是造反的事，却忘记了王羲之还睡在帐中。王羲之醒来，听见了他们谈话的内容，非常吃惊，心想，如果他们想起了自己睡在这里，一定会怀疑机密泄露，说不定要杀人灭口呢！怎么办？恰好昨天喝了点儿酒，于是，他就假装酩酊大醉，把床上吐得到处都是，接着，又蒙头盖脸，发出轻轻的鼾声，好像睡熟了似的。

王敦和钱凤密谈了多时，忽然想起了王羲之，不由得心惊肉跳、脸色骤变。钱凤咬着牙根，恶狠狠地说："这小子，不能不除掉。不然，我们都要遭灭门之祸了。"

两人手握尖刀，掀开帐子，正要下手，忽听王羲之说起梦话来，再一看，崭新的被褥吐满了脏东西，散发出一股呛鼻的酒味。王敦和钱凤相视片刻，都以为王羲之酒后熟睡未醒，也就算了。

谈话过程中往往也有些不该问的，即使你想问，也不要去问，诸如问一位大龄单身女士"你今年多大啦""为什么还不结婚呀"，等等。这些话题，有时对方不便作答，自然而然地对你的问话很反感，会因此而讨厌你，对你敬而远之。

有些人是无事不问，他们最喜欢探问别人的私事及秘密。有时为了增加他闲谈的资料，有时仅仅是为满足好奇心，即使与自己无关的事，仍然喜欢追问到底。如果是对方适当的关心，会令人觉得舒心，但若整天喋喋不休，则十分令人厌烦了。这种看似微不足道的事往往具有不可估量的杀伤力。所以先搞清楚什么时候要明知故问、什么时候不该问，才能进一步交往。

3. 掌握问话技巧

我们要掌握问话的技巧，选择合适的问话方式，选择恰当的词语，并掌握好问话时机，进行恰到好处的提问，才能与对方将谈话一步步深入下去，从而更好地探明对方的本意，达到交谈的目的。

开始时，你可以让对方回答一些较容易回答的问题，然后渐渐地提出一些不能简单回答"是"或"不是"的问题，如："你喜欢什么？""为什么喜欢呢？"继续提出这类问题，对方即使厌烦，也需要组织语言来回答，这样往往能比较具体地探知对方的意思。

让他高兴，不要吝啬自己的美言

孔子说："乐道人之善。"孟子也说："勿言人之不善。"也就是说，人们要乐于说出别人的好处、益处，不要说人们的坏处。虽然时逾千年，这仍然是人们为人处世的经验和准则。

日常生活中，有些人一说起别人的缺点、毛病，总是滔滔不绝、绘声绘色，甚至当着当事人的面也会毫无顾忌地数落、指责。但对别人的优点长处却常常视而不见，更不愿给人鼓励和赞美。

在他们的眼里，自己是"一朵花"，看别人都是"一块疤"。而事实上，生活中的每个人都渴望得到周围人的认可，渴望别人的赞美和鼓励。真正的处世高手，都深谙乐道人之善的道理，即使对方是"一块疤"，他们也能巧妙地把对方夸成"一朵花"，从而使对方心情愉悦，愿意与自己往来。

1. 尽力发现对方长处

在人际交往中，称赞、欣赏、尊重别人，会使他们感到被重视，从而更加彼此信赖。

甲、乙两个猎人，各猎了两只兔子回来。甲的妻子看见后冷漠地说："你一天只打到两只小野兔吗？真没用！"甲猎人听到后很不高兴，心里埋怨起来："你以为很容易打到吗？"第二天他故意空手而回，让妻子知道打猎是件不容易的事情。

相反，乙猎人回到家后，他的妻子看到他带回了两只兔子，欢天喜地地说："你一天打了两只野兔，真了不起！"听到赞美，乙猎人满心喜悦，心想两只算什么，结果第二天他打了四只野兔回来。

虽然每个人都有不同的思想性格、兴趣爱好与生活习惯，有的人热情开朗，有的人沉静稳重，有的人性子急躁，有的人心胸狭窄，但是不管是哪种人，都喜欢被别人认可和赞美。上至古稀老人，下至3岁孩童，内心最强烈的渴求就是自尊，都想得到人们的重视。

我们经常会见到这样的人：他对自己所做的工作一点一滴都记在心头、挂在嘴上，挑别人的毛病也绝无遗漏，说起来如数家珍。而对自己的毛病、别人的长处，则一概缄口不语。这种人往往为人们所不齿，被称为"不团结因子"。

2. 从对方最得意的经历说起

每一个人都有自认为得意的地方，不管别人怎样看，在他自己看来都是有意义的事情。谈对方得意的事，这是拉近双方距离的一条捷径。

一所偏僻小学破烂不堪，校长多次按程序层层请示拨款事项，却始终没有结果，不得已，决定向本市木材厂的厂长求援。校长之所以打算找该厂长，是因为这位厂长重视教育，曾捐款一万元发起成立"奖教基金会"。

遗憾的是，该厂经营有了一定的困难，校长深感希望渺茫，但也只好"背水一战"了。于是，校长敲开了厂长办公室的门。

校长开门就夸："厂长，我近日在省城开会听到教育界同人对您的称赞，实在是钦佩！今日途经贵厂特来拜访。"

厂长："不敢当！过奖了。"

校长又说："厂长您真是一位有远见卓识的人，首创'奖教基金会'。不但在本市能实实在在地支持教育事业，更重要的是，您的思想影响很大。'奖教基金会'由您始创，如今已由点到面，由本市到外市，甚至发展到全国许多地区，真可谓香飘万里……"

校长紧紧围绕厂长颇感得意之处，从各个方面予以充分肯定，夸得厂长满心欢喜。

此时，校长诉说了自己的"无能"和悔恨："身为校长，明知校舍存在隐患，危及师生的生命安全，却毫无良策排忧解难。要是教育界领导都能像厂长这样就好了，只要拨一万元钱就能卸下我心头的重石，可是至今申报十几次，仍不见分文。"

这时，厂长的脸上立刻起了微妙的变化，沉默了一会儿，然后说："校长，既然如此，你就不必再打报告求三拜四了，一万元钱我捐给你们。"校长听完后，紧紧握住厂长的手，满意地笑了。

这位校长可谓十分精明，他在了解对方心理的情况下，用美誉推崇的方式获得了募捐的成功。首先，他对厂长远见卓识，首创"奖教基金会"的行为，给予了充分的肯定和恰当的赞扬；其次，倾诉自己的"无能"和悔恨，让对方给予同情，从而深深地打动了对方，达到了预期的效果，最终达到了自己的目的。

3. 从对方最得意的作品入手

说服他人很多时候必须在他人身上细思量、狠下功夫，从对方感兴趣的事入手。这是说服的要害所在，切中了要害，事情一定会大功告成。

某集团公司承包了一项建筑工程，在纽约建造一幢办公大厦，一切都照原定计划进行得很顺利。大厦快完工的时候，突然，负责供应大厦内部装饰的承包商宣称，由于情况变化，他无法如期交货。这样的话，整幢大厦都不能如期交工，公司将承受巨额罚金。

长途电话、争执、不愉快的会谈，全都没效果。于是集团公司公关

15 ...

部经理奉命前往华盛顿，当面说服承包商。

"你知道吗？在你们那个区，用你这个姓名的只有你一个人。"公关部经理走进承包商的办公室之后，立刻就这么说。

承包商有点吃惊："不，我并不知道。"

"哦，"公关部经理说，"今天早上，我下了火车之后，就查阅电话簿找你的地址，在市区的电话簿上，有你这个姓的，只有你一人。"

"嗯，这是一个很不平常的姓，"承包商骄傲地说，"我的家族是从荷兰移居华盛顿，几乎有二百年了。"几分钟过去了，他继续说他的家族及祖先。

当承包商说完之后，公关部经理恭维他："我从未见过这么庞大的工厂。"

"我花了一生的心血建立了这个事业，"承包商说，"你愿不愿意到工厂各处去参观一下？"公关部经理爽快地答应了。

在参观过程中，公关部经理称赞他的组织制度健全，还对一些不寻常的机器表示赞赏，这位承包商就宣称是他发明的。他花了不少时间，向公关部经理说明那些机器如何操作，以及它们的工作效率多么良好。到中午了，他坚持请公关部经理吃中饭。

吃完中饭后，承包商说："现在，我们谈谈正事吧。我知道你这次来的目的。我没有想到我们的沟通竟是如此愉快。你可以带着我的保证回到纽约去，我保证你们所有的材料都将如期运到。"

公关部经理甚至未开口要求，就得到了他想要得到的东西。

不仅仅是故事中的承包商，现实中的任何人几乎都喜欢谈论自己最得意的经历或过往。这几乎是人的通性。在人际活动中，我们如果能正确地意识到这一点，并加以利用，那么很多事情都会朝着我们满意的方向发展。

第二章

脑中有逻辑，
说话得体有条理

了解对方情况，掌控沟通进程

在交谈时，如果我们想要达到良好的沟通目的，就一定要了解对方的背景，只有这样才能把话题接下去，才能更好地掌控沟通进程。如果你不了解对方的情况，跟人沟通的时候就会碰到问题。

《孙子兵法》中说："知己知彼，百战不殆；不知彼而知己，一胜一负；不知彼，不知己，每战必殆。"意思是说，在军事行动中，既了解敌人，又了解自己，百战都不会失败；不了解敌人而只了解自己，胜败的可能性各半；既不了解敌人，又不了解自己，那只会每战必败。对于沟通亦是如此，了解自己要进行沟通的目标，同时还要了解沟通的客体，才可能进行有效的沟通。

在进行沟通时，了解对方情况是必需的。正如我们每个人在参加面试之前都要通过各种方式去了解公司的基本情况一样。如果你在面试的时候，一见面就说："老总您能不能跟我介绍一下，你们公司是干什么的？"毫无疑问，这样的人基本第一关就死掉了。

要想说服对方，就应该尽可能多地了解对方情况，就好像一场战役开始前，侦察对手的战场布置和战斗实力，获得的情报越多，越容易找到对方防线的漏洞和缺陷。

第二次世界大战期间，丘吉尔和罗斯福在大西洋上会晤，商讨两国在共同对付纳粹的战争中各自应担负的责任，以及欧洲和大西洋各岛屿的利益瓜分问题。会谈非常热情友好，但是涉及各自利益的敏感问题时，却出现了分歧。丘吉尔希望美国能更多援助英国，而罗斯福认为丘吉尔在某些问题上不够坦诚，有所保留。双方相持不下，会谈进展缓慢，两个人都试图说服对方让步，双方对彼此的性格都非常了解。丘吉尔性格倔强，但是很有气魄，不拘小节；罗斯福非常严谨，但是也有美国牛仔轻松自在和幽默的一面。

有一天晚上，丘吉尔正在房中洗澡，罗斯福忽然进来，看到丘吉尔一丝不挂，场面非常尴尬。睿智的丘吉尔乘势说："总统阁下，你看见了，英国对美国没有任何保留。"丘吉尔的幽默感使罗斯福会心一笑，在接下来的会谈中，罗斯福终于做了让步，同意丘吉尔提出的一系列要求。可以说，根据对罗斯福的了解，丘吉尔恰到好处地表达了自己的意志，迎合罗斯福美国式的自由性格和幽默感，因此获得说服的成功。

因此，我们在与人沟通之前，最好把这个人的基本情况或者有关他的公司的问题了解清楚。尤其与对方是第一次见面时，充分了解对方背景就更为重要。只有这样，才能更好地把握沟通进程，并在交谈中发现对方的需求，及时调整沟通方向，达到自己的目的。

盛宣怀是晚清的一位大臣，他在拜见陌生的上级时，就非常注意了解对方的有关情况。一次，醇亲王特在宣武门内太平湖的府邸接见盛宣怀，向他垂询有关电报的事宜。盛宣怀以前没有见过醇亲王，但与醇亲王的门客"张师爷"过从甚密，从他那里了解到两个方面的情况：一、醇亲王跟恭亲王不同，恭亲王认为中国要跟西洋学，醇亲王则不认为中国人比洋人差；二、醇亲王虽然好武，但自认为书读得不少，颇具文采。盛宣怀了解情况后，就到身为帝师的工部尚书翁同龢那里抄了些醇亲王的诗稿，念熟了好几首，以备"不时之需"。盛宣怀还从醇亲王的诗中悟出他的心思，毕竟"文如其人"。

胸有成竹之后，盛宣怀前来谒见醇亲王。当他们谈到"电报"这一名词的时候，醇亲王问："那电报到底是怎么回事？"盛宣怀回答道："回王爷的话，电报本身并没有什么了不起，全靠活用，所谓'运用之妙，存乎一心'，如此而已。"醇亲王听他能引用岳飞的话，不免另眼相看，便问道："你也读过兵书？""在王爷面前，怎敢说读过兵书。不过英法内犯，文宗显皇帝西狩，忧国忧民，竟至于驾崩。那时如果不是王爷神武，力擒三凶，大局真不堪设想了。"

盛宣怀略停了一下又说："那时有血气的人，谁不想洗雪国耻，宣怀也就是在那时候，自不量力，看过一两部兵书。"盛宣怀真是三句话不离醇亲王的"本行"，他接着又把电报的作用描绘得神乎其神。醇亲王也感觉飘飘然，后来醇亲王干脆把督办电报业的事交给盛宣怀。

不同的背景造就了形形色色的人，与不同的人对话，说话的方式也必然有所区别。在说服别人的时候，是要迎合对方，还是要和对方正面交锋？在迎合和交锋当中，又应该从哪个地方下手？这种判断只能来自知己知彼的基本了解。那么在沟通之前，我们一般需要了解对方的以下几个方面的情况：

1. 基本情况

沟通之前，对方的一些基本信息是必须清楚的，主要包括：性别、年龄、身份、职业、背景。好比战役开始前，了解对方的实力、部署、防线，以及对方所处的地形等等。这些基本的内容可以通过对方的履历、一些公开的资料，以及一些公共场合中获得。只要稍微留心，认真调查，得到这方面的资料并非难事。

2. 了解对方的性格、喜好及其家人成员

谈话中，你要能够适应对方，尽可能了解对方的性格特点及其兴趣爱好，进而投其所好，另外也可以通过家庭成员来展开话题，引起对方的兴趣。但是切记，在态度上要友好而又真诚。

3. 了解对方的需求

了解对方需求并设法满足，将会带来意想不到的沟通效果。我们可以在沟通之前通过间接的方式了解对方的心理需要，在沟通时予以满足；也可以在沟通过程中，多听对方讲话，从对方的谈话中挖掘出他的隐性需求。

精心遣词，恰当用字

交谈时，若是选择使用消极的字眼，就会让人自暴自弃。反之，选择使用积极的字眼，能够振奋人心。

说话就是一把双刃剑，与他人交谈时，若是你说对了话，就能使人欢笑、排除心病、给人希望；若是说错了话，就会使人难过、伤心，令人绝望。因此，我们在说话时需要精心遣词，恰当用字，这样不仅可以准确地表达自己的意思，而且能够起到感染听者的效果。

西南某地的采购员王强到武汉出差。他走进一家百货商场，看到柜台上摆着的小水壶挺好，想买一个，便高兴地叫道："哇，小媳妇（小水壶），挺漂亮！多少钱一个，我要一个！"

售货员是位20岁出头的姑娘，听他喊"小媳妇"，便认为他心术不正，气得骂了一声"流氓"！

"6毛？"王强想：6毛一个可真便宜，多买几个。于是他说："6毛就6毛，你这儿的'小媳妇'我都要啦！"

这下把姑娘气坏了，姑娘骂他无耻。王强一听，这是什么话，售货员怎么骂人，就说："我要'小媳妇'嘛，你怎么骂起人来了？"结果，双方大吵起来。

有些场合说方言实在不合适，容易给人粗俗之感。说话也要有讲究，什么场合该用普通话、什么场合可以用方言，人们规范使用语言的意识要加强，否则就会带来不必要的麻烦。许多人就是因为善于遣词造句、激励人心，才得以开创伟大的事业、留名青史。

有一位美国人曾在演讲中这样说道："当我们今天得以享受到充分的自由时不要忘了《独立宣言》，它是两百多年来所给予我们每个人的保障。同样地，当我们这些年致力于种族平等时，不要忘了那也是因为某些字眼的组合而激发出来的行动所致。没有人会忘记马丁·路德·金博士打动人心的那一次演讲，他说，'我有一个梦想，期望有一天这个国家能真的站立起来，信守它立国的原则和精神'……"的确，用对了字眼不仅能打动人心，还能引导行动。

说话时，要注意选择使用积极性的字眼，能够振奋人心。人类的历史也可以说是由那些具有威慑力的话所组成的，这些话可以调动人的情绪，振奋人的精神，使人有胆量面对一切挑战，让人生过得更有意义。

有一部外国影片叫《风流寡妇》，如若改成《风流遗孀》，就韵味全无。再如《旧事重提》是鲁迅先生回忆往事的一组散文，后来结集出版时，先生将其更名为《朝花夕拾》，使之立即有了浓重的诗情。试想，在黄昏时分捡起早晨的花朵细看细想，那思绪之联翩，那感慨之万千，不是足以让人细细品味吗？

如果你想让你的声音不仅迷人而且有感染力，那么应该知道以下几个方面：

1. 内涵丰富才能妙语连珠

你若不想说话空洞无物，就应下决心积累大量的、扎实的知识，武装自己的头脑，让自己说话的内容丰富起来。最好在平时多下功夫，多读书多看报，以积累警句、谚语，积累谈话素材，从而提高自己观察问题、思考问题的能力。

2. 说话要会打比方

在我们的日常说话中，常常需要论述一些道理，这些道理如果配以贴切的比喻，就容易让人理解和接受。运用比喻可以达到化繁为简、生动形象的目的。

需要注意的是，不是任何事物都可以随便拿来比喻的，运用比喻这种手法时，本体和喻体之间必须有相似点。本体和喻体必须是性质不同的两类事物。运用比喻时要注意比喻的贴切性、易懂性、巧妙性，以及表意的准确性。

3. 巧用双关，言此意彼

双关的运用具有模仿性、类比性、幽默性，故而在实践中运用这一手法时，要注意以下几个要点：

（1）高雅纯正。在使用这一手法时，要坚持文明表达，以理服人的原则。

（2）隐藏幽默。含而不露，幽默横生，是运用这种手法的基本要求。

（3）沉着冷静。巧妙地把自己的道理寓在其中。

（4）切中要害。我们不仅要善于捕捉对方的隐衷、企图，更要善于发现对方的破绽、矛盾，切中要害，置之于乱处，使之张口结舌，无言以对。同时要充分发挥联想、模拟的作用，加大发挥力度。

4. 巧用俗语更精彩

俗语、谚语、歇后语等语言大都来自社会实践，是人民群众创造发明的，在讲话时巧妙地运用，能够大大增强语言的感染力，容易被群众理解和接受。俗语是广泛流行的定型的语句，简练形象。恰当地引用俗语，可以增强讲话或演讲中的幽默感和说服力。

与人谈话时，可以适当地引用名人的言论、公认的史料、数据以及广泛流行的成语、俗语等，可以更好地点明主题，佐证观点，使文义含蓄，富有启发性。所以平时要多积累一些约定俗成的语句，这是提高说话水平的一条捷径，同时，要注意恰当地使用。

如果我是你——学会站在别人的角度去说话

在与对方沟通时，站在对方立场上，才能让别人听着顺耳，觉得舒服。站在对方立场上，设身处地地想，设身处地地说。如此，不仅能使他人快乐，也能使自己快乐。

在人际交往中，很多人往往习惯将自己的想法、意见强加给别人，总觉得自己的做法、意见才是最好的。虽然出发点都是好的，是为了帮助别人解决某些问题，但是却始终没有站在对方的立场上想过这样是否适合。所以当我们和别人交谈时，应该站在对方的角度仔细想想，关心询问对方对这件事情的看法和应该如何解决这个问题，而不是直接讲一番大道理。

孔子说："己所不欲，勿施于人。"耶稣说："你要别人怎样对待你，你就要怎样对待别人。"这两句名言是换位说话的准确注解。说话有不同的方式，有不同的技巧。世界上没有说不好的话，关键看你会不会转变思想，站在对方的立场，先想想别人。

虽然我们无法成为他人，但我们可以站在他们的位置上，进入他们的世界，体会他们的感受，从而成为一个拥有广阔胸怀以及受欢迎的人。站在他人角度思考问题、说话做事，不仅能化解矛盾，甚至还能成就一个人的未来。

在非洲一个叫巴贝姆巴的部族中，至今依然保持着一种古老的生活仪式。当族里的某个人因为各种原因而犯了错误，族长就会让犯了错误的人站在村子的最高处，公开亮相，以示惩戒。每当这时，整个部落的人都会放下手中的活计，赶过来将这个犯错的人团团围住，来赞美他。

旁观的人们，会自动按照老幼开始发言。先是从最年长的人开始，告诉这个犯错的人，他曾经为整个部落做过哪些好事。就这样，每个族人都会将自己眼中那个犯错人的优点叙述一遍。叙述时不能夸大事实，不允许出言不逊，必须用真诚的语言，而且不能重复别人已经说过的赞美。整个赞美的仪式，要持续到所有族人都将正面的评语说完为止。

巴贝姆巴人站在了犯错的人的角度思考问题。他犯了错，现在当然十分懊悔，想改正自己的做法。如果在此时，大家提起他以前做过的好事，那他改正错误的决心肯定会更坚定；但在此时，大家去批评他，说他的种种不是，那他心中肯定会责怪自己，那将来的生活也可想而知了。

巴贝姆巴人是智慧的，他们对待犯错人的态度是：尽管你犯了错，有了缺点，但我们依然爱护你、关心你、接纳你。既然你曾为整个部落做过那么多的好事、善事，有着那么多的优点，那么请你认真地反思，然后心悦诚服地改正自己的错误。我们整个部落的人都坚信：你一定具备改过向善的信心与能力。

当我们与他人意见相异时，不妨也换位思考一番，从对方的角度去考虑某些问题，设身处地从对方的角度去思考及处理问题，有可能在我们"山重水复疑无路"时，进入了"柳暗花明又一村"的境界。

卡耐基曾租用某宾馆大礼堂讲课。有一天，他突然接到通知，对方提出租金要提高三倍。卡耐基不得不前去与经理交涉。卡耐基一见到宾馆经理，并没有表现出生气的表情，而是心平气和地说："我接到通知，有点震惊，不过这不怪你。如果我是你，我也会这么做。因为你是宾馆的经理，你的职责是使旅馆尽可能赢利。"

接下来，卡耐基又设身处地为他算了一笔账："如果将礼堂用于办舞会、晚会，当然会比租给我更划算。但是，如果你不与我合作，也等于放弃了成千上万有文化的中层管理人员，而这些人是你花再多的钱也买不到的活广告。也许他们光顾了贵宾馆，会给你带来更多的合作机会。那么哪样更有利呢？"经理被他说服了。

卡耐基之所以成功地说服了经理，在于当他说"如果我是你，我也会这么做"时，他已经完全站到了经理的角度。接下来，他又站在经理的角度上算了一笔账，抓住了经理的兴奋点——赢利，使经理心甘情愿地把天平砝码放到卡耐基这边。

千万别认为话中的"如果我是你"只是单纯的一句话而已，殊不知它发挥的效力是不可限量的。对于不易说服的人，最好的办法就是使对方认为你与他是站在同一立场的。

当你学会换位思考的时候，就会在遇到问题的时候多站在别人的角度看问题，设身处地为别人着想。然而只有我们做到这些的时候，我们才能够更多地理解别人，那么一切都将变得美好。

模仿对方的动作，能够拉近心理距离

现在请你闭上眼睛细想一下，在言情影片中经常会出现的约会场面：一对甜蜜的恋人坐在茶馆或者咖啡厅里面，悠闲自在地品尝着香茶或咖啡。他们的表情动作会有什么特别之处吗？

他们是不是时不时地做着同一种表情或同一个动作，就像是镜外的人和镜里的影一样？一方用手摸摸头发，另一方也用手摸摸头发；一方跷起二郎腿，另一方也跟着跷腿；一方捂着嘴笑起来，另一方也跟着捂着嘴笑；一方举起了杯子，另一方也随之举杯……

想到或者看到这样一幅画面，你有什么感觉或想法？是不是感觉很温馨、很浪漫，感觉这两个人关系非常亲密、相互爱慕、心心相通？相信很多人都会有这种感觉。这是为什么呢？其实，这是因为他俩的步调是如此一致，从读心的角度来讲，这种感觉是有道理的。

想想会议中人们的表情，对某种意见持赞成态度的人和持反对态度的人，是不是往往各自做出相反的动作？赞成的那部分人面带微笑，不断地点头示意；反对的那部分人紧锁着眉头，紧闭着嘴唇……

再想想生活中常会遇到的情景，去商场购物或去某展览会参观，你看上了一件物品，另一个人也看上了这件物品，你俩一同走近这件物品，一边看一边发出啧啧的赞叹声，"真漂亮"。就几秒钟，你们便互生好感，颇有点英雄所见略同的感觉。

在日常生活中，通过人为地制造"同步行为"，可以拉近彼此的心理距离，赢得对方的好感，让双方的交谈在不经意间变得和谐愉快。

作为下属，很多人都纳闷儿：为什么自己欣赏的领导也欣赏自己，自己不喜欢的领导也不喜欢自己？这其中，"同步行为"就在发挥作用。你向领导传递了欣赏，领导感觉到了，也试着以欣赏的眼光看你。由此推理，如果想得到领导的认可与欣赏，你首先应该认可、欣赏领导。你不妨这样做：与领导在一起时，当领导无意中做出某个动作时，你也跟着做某个动作；领导做出某种表情，你也以同样的表情回应。作为领导，有时故意与下属同步也很必要。比如，某下属在你面前很紧张，你不妨摆出与其一致的姿势，拉近彼此的心理距离，缓解下属的紧张情绪。

对于有利益往来的双方，"同步行为"的魅力也丝毫不减。在推销或谈判过程中，如果你的请求或劝说得不到回应，不妨故意制造一些"同步行为"，快速攻破对方的心理防线。不过，要注意不露痕迹，否则，让对方误认为你是在故意取笑他，反而坏事。

配合对方的精神状态，沟通效率倍增

要想建立与对方的良好关系，配合对方的精神状态也是很重要的。要做到这一点，你必须能够注意到对方的情绪状态和精力。

在我们周围，有这样一些人，他们在午饭之前情绪都会有点低。他们早上到办公室和同事打过招呼后，就会一直坐在椅子上，浑身散发着

"不要打扰我"的信息。直到午饭时间，他们才会真正地睁开眼睛，情绪也才会好转。这并不是表示他们的工作状态不太好，而是说他们需要更长的时间才会展开社交活动。一般人的情绪都会处于不断的变化之中，但这类人就像慵懒的猫一样，情绪只会处于一种慵懒状态中，而且很少会表现出快节奏的肢体语言。

也许你正精力充沛、兴致勃勃，但是你的工作计划需要得到一个昏昏欲睡、性格内向的同事的支持与合作。这时候，你最好稍稍放慢脚步，不能一开始就试着让你们两个人都充满热情。如果你大叫一声，重重地拍一下同事的后背，把他吓得够呛，而且害得他把咖啡都洒了出来，那么你肯定会在要求与他合作时遭到拒绝。相反，如果你是那种行动迟缓、处处谨小慎微的人，而你恰好又需要与那些精力充沛、行动果断的人合作，那么你就必须想办法点燃自己的激情，否则很可能激怒你的合作者。

有生理学家指出，每90～120分钟，我们的身体会经历一个从精力充沛到精力衰竭的周期。在精力衰竭的时期，我们会觉得注意力分散、坐立不安、打瞌睡和感到饥饿。这个时候，我们的身体会需要一段时间来恢复。如果你恰恰在对方进入精力衰竭时，和对方说话或者求对方办事，那么你碰壁的可能性会大大提高。

你要记住，有时候你被对方拒绝，并不是因为你的创意不够好，而是因为你的情绪状态和精力与对方不匹配。所以，如果知道对方在午饭过后更容易接受意见时，就要把会谈约在午饭后，尽量调整自己，使自己配合对方的感受，这样沟通的效率也会大大提高。

激起心理共鸣，让他感觉像是在帮助自己

伽利略年轻时就立下雄心壮志，要在科学研究方面有所成就，他希望得到父亲的支持和帮助。

一天，他对父亲说："爸爸，我想问您一件事，是什么促成了您同母亲的婚事？"

"我看上她了。"父亲不假思索地答道。

伽利略又问："那您有没有娶过别的女人？"

"没有，孩子。家里的人要我娶一位富有的女士，可我只钟情于你的母亲，她从前可是一位风姿绰约的姑娘。"

伽利略说："您说得一点也没错，她现在依然风韵犹存。您不曾娶过别的女人，因为您爱的是她。您知道，我现在也面临着同样的处境。除了科学以外，我不可能选择别的职业，我对它的爱犹如对一位美貌女子的倾慕。"

父亲说："像倾慕女子那样？你怎么会这样说呢？"

伽利略说："一点也没错，亲爱的爸爸，我已经18岁了。别的学生，哪怕是最穷的学生，都已想到自己的婚事，可是我从没想过那方面的事，以后也不会。因为我只愿与科学为伴。"伽利略继续说，"亲爱的爸爸，您有才干，但没有力量，而我却能兼而有之。为什么您不能帮助我实现自己的愿望呢？我一定会成为一位杰出的学者，获得教授身份。我能够以此为生，而且比别人生活得更好。"

听到这儿，父亲为难地说："可我没有钱供你上学。"

伽利略说："爸爸，您听我说，很多穷学生都可以领取奖学金，这钱是公爵宫廷给的。我为什么不能去领一份奖学金呢？您在佛罗伦萨有那么多朋友，您和他们的交情都不错，他们一定会尽力帮忙的。他们只需去问一问公爵的老师奥斯蒂罗·利希就行了，他了解我，知道我的能力……"

父亲被说动了："嗯，你说得有理，这是个好主意。"

伽利略抓住父亲的手，激动地说："我求求您，爸爸，求您想个法子，尽力而为。我向您表示感激之情的唯一方式，就是……就是保证成为一个伟大的科学家……"

伽利略最终说动了父亲，他实现了自己的理想，成为一位闻名遐迩的科学家。伽利略争取父亲的认可和帮助，采用的就是"心理共鸣"的方法。这种方法一般可分为以下4个阶段：

1. 导入阶段

先顾左右而言他，以对方当时的心情来体会现在的心情。例如，伽利略先请父亲回忆和母亲恋爱时的情形，引起了父亲的兴趣。

2. 转接阶段

伽利略巧妙地通过一句话把话题转到自己身上："我现在也面临着同样的处境。"

3. 正题阶段

提出自己的建议和想法。伽利略提出"我只愿与科学为伴"，这也正是他要说服父亲的主题。

4. 结束阶段

明确提出要求。为了使对方容易接受，还可以指出对方这样做的好处。伽利略正是这样做的，他说："……为什么您不能帮助我实现自己的愿望呢？我一定会成为一位杰出的学者，获得教授身份。我能够以此为生，而且比别人生活得更好。"

正是巧妙运用了"心理共鸣"的方法，伽利略终于达到了自己的目的，为最终实现自己的理想奠定了基础。在日常生活中，我们也不妨试着用这种方法说服别人，往往会带来让你满意的结果。

互惠原则："大家好，才是真的好！"

在第一次世界大战中，有一次德国特种兵的任务是深入敌后去抓俘虏回来审讯。当时打的是堑壕战，大队人马要想穿过两军对垒前沿的无人区，是十分困难的。但是一个士兵悄悄爬过去，溜进敌人的战壕，相对来说就比较容易了。参战双方都有这方面的特种兵，他们经常被派出去执行任务。

有一个德军特种兵以前曾多次成功地完成了这样的任务，这次他又出发了。他很熟练地穿过两军之间的地域，出乎意料地出现在敌军战壕中。一个落单的士兵正在吃东西，毫无戒备，一下子就被缴了械。他手中还拿着正在吃的面包，这时，他本能地把一些面包递给对面突然出现的敌人。这也许是他一生中做得最正确的一件事了。

面前的德国兵忽然被这个举动打动了，并导致了他奇特的行为——他没有抓这个敌军士兵回去，而是自己回去了，虽然他知道回去后上司会大发雷霆。

这个德国兵为什么这么容易就被一块面包打动了呢？人的心理其实是很微妙的。人一般有一种心理，就是得到别人的好处或好意后，就想要回报对方。虽然德国兵从对手那里得到的只是一块面包，或者他根本没有要那个面包，但是他感受到了对方对他的一种善意，即使这善意中包含着一种恳求，这是很自然地表达出来的，在一瞬间打动了他。他在心里觉得，无论如何不能把一个对自己好的人当俘虏抓回去，甚至要了他的命。

其实这个德国兵不知不觉地受到了心理学上"互惠原理"的影响。这种得到对方的恩惠，就一定要报答的心理，就是"互惠原理"，这是人类社会中根深蒂固的一个行为准则。

一位心理学教授做过一个小实验：他在一群素不相识的人中随机抽样，给挑选出来的人寄去了圣诞卡片。虽然他也估计会有一些回音，但却没有想到大部分收到卡片的人，都给他回了一张。而其实他们都不认识他啊！

给他回赠卡片的人，根本就没有想到过打听一下这个陌生的教授到底是谁。他们收到卡片，自动就回赠了一张。也许他们想，可能自己忘了这个教授是谁了，或者这个教授有什么原因才给自己寄卡片。不管怎样，自己不能欠人家的情，给人家回寄一张，总是没有错的。

这个实验虽小，却证明了互惠原理的作用。互惠是人类社会永恒的法则，它是各种交易和交往得以存在的基础。互惠原理认为，我们应该尽量以相同的方式回报他人为我们所做的一切。

及时地回报，可以表明自己是知恩图报的人，有利于相互之间继续交往。而且如果不及时回报，会给你带来一些麻烦。你一直欠着这个人情，如果对方突然有一件事反过来求你，而你又觉得不太好办的话，就很难拒绝了。

当然，在关系很亲密的朋友之间，就不一定要马上回报，那样可能反而显得生疏。但也不等于不回报，只是时间可能拖得长一些，或有了机会再回报。

朋友间维护友谊遵循着互惠原理，爱情之间也是如此。其实世上没有绝对无私奉献的爱情，不像歌里和诗里描述的那样。爱情也是讲求互惠互利的，双方需要保持平衡。如果平衡被严重打破，就可能导致关系破裂。

人与人之间的互动，就像坐跷跷板一样，要高低交替。一个永远不肯吃亏、不肯让步的人，即使真正得到好处，也是暂时的，迟早要被别人讨厌和疏远。

层层递进，把理说透

运用层层递进的说服技巧，依赖于说服者对人生、世事的透彻领悟和理解。由点及面，层层递进地向被说服者渗透自己的观点和内容，给对方一个接受新观点的心理缓冲过程，进而心悦诚服地接受你的观点。

一个人的思想是复杂的，对某一事物不理解、想不通时，往往就会顾虑重重。因此，你在说服那些不能一点就通的人时，就要采用层层递进的方法，把道理一层一层地说明说透，从而消除被说服者的顾虑，进而收到理想的效果。

《战国策·或谓韩公仲》讲述了这样一个说服的故事：

有人游说韩国的公仲："双胞胎长得很相似，只有他们的母亲能分辨出他们；利与害表面上也很相似，只有明智的人才能分辨清楚。现在您的国家利、害相似，正如双胞胎长得相似一样。能用正确的方法治理国家，就可以使君主尊贵，身心安稳；否则，就将让君主卑贱，身陷危境。

"如果秦、魏两国联合成功，却不是您来促成的，那么韩国一定会遭到秦、魏两国的谋算。如果韩国跟随魏国去讨好秦国，韩国就成了魏国的附庸，必将受到轻视，君主的地位就降低了。秦国和韩国友好以后，秦国一定会安置它所亲近的、信任的人，让他在韩国执掌政权，以此巩固秦国的势力。这样，您就危险了。如果您和安成君帮秦、魏联合，成功固然是福气，就算不成功也是好事。秦、魏两国联合成功，而且是由您来促成的，韩国就成了秦、魏两国往来的通道，韩国的地位肯定会得到提高，君主也会更受尊重。安成君在东面受到魏国的重视，在西面得到秦国的尊崇，掌握着这样的优势，可以替您向魏、秦两国的君主索取好处，将来分封土地，成为诸侯，这是您头等的功业。

"再说，秦魏两国不可能长期友好下去。秦国恼怒得不到魏国，必然会亲近韩国以便遏制魏国。魏国也不会永远听从秦国，一定设法和韩国修好来防备秦国。这样您就可以像选择布匹随意剪裁一样轻松应付。如果秦魏两国联合，那么两国都会感激您；如果不能联合，那么又都会争着讨好您。这就是我所说的成功了是福气，不成功也是好事的道理，希望您不要再犹豫了。"

这位说客能深刻把握形势、洞见事情发展趋势，而且游说时由双胞胎说起，层层递进地把利害关系和各种情况分析得透彻、明了，最后的结论不证自明。

我们在说服他人时，切忌把大道理满堂灌，这样既无人愿听，也让人无法消化。采取这种方式说服时，要保证说服过程中的连贯性、系统性，确保能把整个道理衔接贯穿起来。

很多时候，如果你直接提出自己的观点，生硬地想要对方认同，往往会让人产生排斥的情绪，很容易遭到拒绝。而采用由小到大的幅度，层层递进地说服，则很容易为对方接受。

在隋朝侯白的《启颜录》中有个"官学狗叫"的故事：

侯白在没有做官前，住在家乡，虽然没什么名声，但锋芒已初露。当地的地方官刚到任时，侯白便去拜见。回来后他对几个朋友说："我能让新来的官学狗叫。"

朋友不信，反驳说："哪有官老爷听别人的摆布学狗叫的？你若真能做到，我们请你喝酒；若不能，你就请客。"侯白答应了。

于是，他们一起到衙门去。侯白进去见官，朋友们在门外看着。官说："你又来见我，有什么事吗？"

侯白答道："您刚到此地，民间有些事情，要向您请示。您到任之前，此地盗贼甚多，我建议您下令让百姓各家养狗，让它们见了生人就惊叫，这样盗贼自然便会平息。"

官问道："如果这样可以的话，我家也须养条能叫的狗，但是到哪里去弄这样的狗呢？"

侯白回答说："实不相瞒，我家倒有几条新养的狗，只不过它们叫的声音与别的狗有些不同。"

官问道："它们叫出什么声音来？"

侯白答道："它们'呜呜'地叫。"

官摇了摇头，认真地说："你不懂狗，好狗应当'汪汪'地叫，'呜呜'叫的，都不是善叫之狗。"

侯白的朋友们在门外听了，皆掩口而笑。

侯白看到自己已经赢得了一桌酒席，便对官说："我知道了。以后我一定要出去寻访善叫的狗。"说完便向官告辞。

如果侯白直接让新官员学狗叫，不仅达不到目的还会惹怒对方。而他运用层层递进的方法步步深入引导对方，并最终达到了让官学狗叫的目的。

层层递进是一种说服他人的有效方法，但在使用时要注意以下两方面的技巧：

1. 准确掌握对方心理，主动出击

每个人的内心深处或许都隐藏着一扇没有打开的大门，如果多想办法从对方比较容易接受的观点着手，因势利导，层层深入地展开道理论证，那么对方的大门就很可能被打开。

层层递进必须准确掌握对方心理，主动出击，从对方比较容易接受的观点着手，因势利导，层层深入展开论辩。

2.层次分明，不偏离主题

在使用层层递进法时，要注意"层层"，即一定要循序渐进，不要省略任何环节，不能跳跃式递进。要始终针对所谈之事，由小到大，由浅入深，始终向实质性问题这个方向靠近，不可偏离。

总之，说服他人时，实质讲清楚，条理讲清晰，内容讲透彻。只有分清层次、循序渐进，才能便于领会理解和消化吸收，达到说服的目的。

第三章

话语动心，
三言两语说到对方心坎里

对"症"说话，把话说到对方的心坎上

在生活中，人们难免互相交往，这就需要言语上的沟通。只有把话说到对方的心坎儿上，才能给交际架起绚丽的彩桥。

在我们的生活中，为什么有的人外表形象并不出色，却让我们如此地喜欢，以至于我们称之为"朋友"和"知己"？而有的人貌似出众，我们却不愿意接近他们呢？其实，正是因为我们每个人都喜欢那些喜欢我们的人，所以他们才成为我们的朋友。

其实，表现出喜爱我们的人，才真正掌握了我们人性的心理弱点。他们不仅让我们体验到了愉快的情绪，还让人类最强烈的渴望——"受人尊敬"得到了满足，他们对我们的喜欢、欣赏和赞扬，让我们认为自己的社会价值得到了承认。和他们在一起，我们拥有的是快乐，我们也回报他们以同样的友好与热诚。如此简单，不需要任何代价，仅仅是由于他们展示出对我们的喜爱，我们就把同样的桂冠戴在他们的头上。

诸多实践证明，如果不能根据对象的不同而采取不同的言语方式，就容易制造对立，产生麻烦。可是怎样才能在说话中尽量避免因得罪他人给自己制造不必要的麻烦呢？

1. 摸清性格再说话

人们在相互交往中，可能都有这样的体验：如果对一个人不了解，你和他在感情上就必然有距离，谈话不知从什么话题开始，吃饭不知选哪类饭店、点哪类菜肴，送东西不知选什么礼物……其实，如果我们了解对方的性格，一切就大不一样了。

马超率兵攻打葭萌关的时候，诸葛亮对刘备说："只有关羽、赵云二位将军，方可对敌马超。"

这时，张飞听说马超前来攻关，主动请求出战。

诸葛亮佯装没听见，对刘备说："马超智勇双全，无人可敌，除非往荆州唤云长来，方能对敌。"

张飞说："军师为什么小瞧我！我曾单独抗拒曹操百万大军，难道还怕马超这个匹夫！"诸葛亮说："你在当阳据水桥，是因为曹操不知道虚实，若知虚实，你怎能安然无事？马超英勇无比，天下的人都知道，他渭桥六战，把曹操杀得割须弃袍，差一点儿丧命，绝非等闲之辈，就是云长来了也未必能胜他。"

张飞说："我今天就去，如战胜不了马超，甘当军令！"

诸葛亮看"激将"法起了作用，便顺水推舟地说："既然你肯立军令状，便可以为先锋！"

诸葛亮针对张飞脾气暴躁的性格，常常采用"激将法"来说服他。

虽然我们周围的人情况各有不同，如对方的兴趣、爱好、长处、弱点、情绪、思想观点等都是需要注意的内容，但身份与性格无论如何是很重要的"情况"，尤其要注意。

一个人性格的形成，往往跟他生活的时代、家庭的环境、所受的教育和经历有关。我们在考察一个人的性格的时候，最好也要了解他的性格形成的原因。这样，你可能就会理解他、体谅他、帮助他，慢慢地，你们相互间就会增进了解，也可能成为好朋友。

2. 谈论他人感兴趣的话题

寻找大家关心的话题对于调动谈话气氛确实是非常有效的。

有一次，几位同事去餐馆聚会，感到没什么可聊的，聚会发起者小林在无计可施之际，忽然想起几个同事中有三位是钓鱼迷，于是就赶快引出了有关钓鱼的话题，说："我前两天买了一根海竿，刚用了一次就出了问题，正好向你们几位请教一下。"这一下，几位钓鱼迷就来了兴致，先帮助小林解决钓竿的问题，进而又畅谈到了钓鱼的方方面面，最后竟聊起了谁的妻子最会烧鱼。聊到这里，那几个不太喜欢钓鱼的同事也兴致勃勃地加入进来，聚会的气氛一下子热闹起来。

在与人谈话前不妨提前准备一下，想好几个可聊的话题，如果你能随机应变、现场发挥，那更是再好不过了。

每个人都有被认同的需求，他人对我们的欣赏与认可使他人在我们眼中显得如此美好。我们会变得愿意与他们接近，也愿意帮助他们。

有影响力的人都在无意识中运用这个原则，这也是他们受到公众喜爱的原因。所以不妨试着去谈论对方感兴趣的话题，然后肯定对方，让对方觉得遇见了"知己"，对方肯定会如沐春风。

3. 适当聊一些接地气的话

聪明的人要懂得用感情去拉近与他人之间的距离，来体现自己的人情味儿，增加双方的亲密感。

在一次商务宴上，宴席还没有开始，大家坐着无话可说。突然一个客户闲聊起这样的话题："我儿子上课老搞小动作，光这一周，我都被老师请到学校三次了，估计他校长视察都没我这么勤！"这时，大家完全愣住了，原来这么大的老板和我们都一样，他的孩子也和我们孩子一样不听话啊。

接着客户又讲道："最近一周特逗，昨天我的车限行，打算坐公交去公司，结果挤了好几次都没上去，还把扣子挤掉了，我一想总不能让员工看到领导扣子掉了，就跑到最近的服装店等人开门买了一套。一早上冻得啊。你说现在这公交怎么这么挤呀。"听者干脆目瞪口呆了，于是，也不讲"八股文"了，开始分享起自己的趣事，场上的氛围立刻就热闹起来，最后双方决定如果这次合作愉快，下次就签长期合作合同。甚至散了场，双方还约定下次带两家"不争气"的孩子一起出来吃个饭，俨然已经像哥们儿一样亲密。

或许有人会奇怪，按照一般心理来说，人们往往在交谈中担心自己的真实情感会暴露，总会本能地试图隐瞒自己不雅的一面，以防对方对自己产生不好的感觉。为什么还要反其道而行之呢？其实，这种说话技巧的奥妙在于它克服了人们认生的心理，在不知不觉中为你的人情味儿加分。

当然谈私密话题也不能无所禁忌，不要因为聊得热乎了就追问女士的年龄，至于便秘这种话题更不要拿出来在饭桌上和人家讨论了。毕竟，聊私人话题只是你增进情感的方式，不能无所顾忌，胡说一气，免得搬起石头砸了自己的脚。

因此，在谈话之前，不妨整理一些自己的趣事以备谈资。

对什么人讲什么话，了解对方想听什么

讲话，是否就是将一些漂亮的词句记下来，把这些词句拼凑在一起，然后脱口而出呢？不，绝对不是！是不是把一些偶然出现，但对你个人没有真正意义的念头集合在一起？当然也不是！

所谓"准备"，首先需要考虑的是对方究竟想听什么。林肯说："当我准备发言时，总会花 2/3 的时间考虑听众想听什么，而只用 1/3 的时间考虑我想说什么。"

无论谈话的对象是谁，成功的关键都在于听众对讲话内容的接受。如果听众对与自己无关的讲话缺乏兴趣，讲话的效果可想而知。这在某些形式主义的讲话场合中十分常见。听众往往只关注那些与他们切身利益密切相关的事情。

讲话的人应充分考虑听者的兴趣和利益，不论何种类型的讲话，都应从听众角度精心选择和设计主题的设置、时间的分配、疑难问题的解答、精神上的娱乐和放松等，使其能满足听众"自我中心"的需求。

1. 与年长者交谈，态度要礼貌

王先生去东门会朋友，因为不熟悉路，车开到了东门附近，王先生来到南街一商店门前，看见一老人坐在椅子上，于是用手敲打了几下桌子，随口大声喊道："喂，东门怎么走，还要走多远？"老人瞟了王先生一眼，拒绝回答。王先生又说了一句："喂，东门在哪里？"这一次老人站起来了，他用手指了指前方告诉他："一直往前走，有 3 公里，很远。"王先生立即开车前往，行驶了 3 公里，但见附近不是农田就是大山，根本没有朋友的身影。于是拨打了朋友的手机，原来从南街到东门只有500 米的距离。

得知自己被老人忽悠后，王先生气愤地找到老人，问他为什么欺骗自己。不料，老人慢条斯理回答道："小伙子，你一点儿礼貌都没有，连人都不会喊，这也就怪不得我，也只好胡乱指路了。"听了老人的话，王先生只好作罢，悻悻开车和朋友走了。

对年长者讲话，首先要懂得尊重长辈，在与长辈对话的时候，要尽量保持谦虚、恭敬。

另外，跟年长者交谈的时候，要尽量避开他的年纪，不要一直重复他的年纪大，这样常常会招致对方的反感。因为很少有人喜欢别人说自己年高，相对之下，他们喜欢显得比自己的真实年龄更年轻，这并非说他们企图隐瞒自己的年龄。事实上他们或许是因为自己能生活得很健康而感到骄傲。

老年人较之年轻人更易情绪激动，在他们的一生中，他们曾成就过许多值得骄傲的事情，而他们非常喜欢谈论这些作为。他们喜欢别人来求教他们或听他们的劝告，喜欢人们尊敬他们。

2. 与年幼者交谈，态度应谦和

某镇举行庆祝"六一"大会，参加的有幼儿园的小朋友、小学生、部分家长、教师等。庆祝大会按照一般会议程序：领导致辞、宣读表彰决定、颁奖、优秀教师和家长代表发言……整个会议只保持了开始时的安静，小朋友们就开始有的哭闹、有的满场跑动，会场一片混乱。

镇里的领导大喊"安静"也无济于事。此时，轮到主管教育的副镇长讲话。这位副镇长当即放弃了他准备好的讲话稿，带着小朋友朗诵一首儿歌。等朗诵完儿歌，整个会场就在热烈而充满童趣的气氛中恢复了良好的秩序。

这位副镇长无意中遵循了一条听众法则，那就是针对听众的特点而讲话。

另外，与年幼者谈一些他们很感兴趣的事物，让他们明白你也有与他们一样的观念，这样谈话就能很顺利地进行下去了。

与年幼者交谈时，要注意尽量不要打破他们的梦想，不要使自己的话超过他们的知识范围。尽量讲他们感兴趣的事，不要讲自己感兴趣的事，以把他们吸引过来，而不是让他们反感自己。

3. 与平辈交谈，态度要谦虚

在工作中不乏这样的人，他们思维敏捷，但说起话来令人感觉狂妄，这种人多数都是因为太爱表现自己，总想让别人知道自己很有能力，处处想显示自己的优越感，从而获得他人的敬佩和认可，但结果往往适得其反。

在交往中，任何人都希望能得到别人的肯定，都在不自觉地维护着自己的形象和尊严，如果他的谈话对手过分地显示出高人一等的优越感，那么无形之中就成为对他自尊和自信的一种挑战与轻视，排斥心理乃至敌意也就不自觉地产生了。

当我们的朋友表现得比我们优越时，他们就有了一种重要人物的感觉，但是当我们表现得比他们还优越时，他们就会产生一种自卑感，产生羡慕和嫉妒。

只有学会谦虚，我们才能受到别人的欢迎。戴尔·卡耐基曾有过一番相当精彩的论述："你有什么可以炫耀的呢？你知道是什么东西使你没有变成白痴吗？其实不是什么大不了的东西，只不过是你甲状腺中的碘罢了，才值五分钱。如果医生割开你颈部的甲状腺，取出一点点的碘，你就变成一个白痴了。五分钱就可以在街角药房中买到的那一点点的碘，是让你没有住进医院的东西。价值五分钱的东西，有什么好谈的？"由此可见，在别人面前显示自己优越感的人，往往是最愚蠢的人。

光环效应：人际交往之始，如何说能让自己鹤立鸡群

光环效应最早是由美国著名心理学家爱德华·桑戴克于 20 世纪 20 年代提出的。他认为，人们对他人的认知和判断往往只从局部出发，扩散而得出整体印象，常常以偏概全。一个人如果被认为是好的，他就会

被一种积极肯定的光环笼罩，并被赋予一切好的品质；如果一个人被认为是坏的，他就被一种消极否定的阴影所笼罩，并被认为具有各种坏品质。这就好像刮风前夜月亮周围出现的圆环（月晕），其实圆环不过是月亮光的扩大化而已。据此，桑戴克为这一心理现象起了一个恰如其分的名称"光环效应"。

心理学家戴恩做过这样一个实验。他让被试者看一些照片，照片上的人有的魅力四射，有的魅力全无，有的魅力适中。然后让被试者在与魅力无关的特点方面评定这些人。结果显示，被试者对魅力四射的人比对魅力全无的人赋予更多理想的人格特征，例如和蔼、善良、沉着与好交际等。

所以，你最初留给对方是开朗、爽快、热情、健康的印象，还是犹豫、冷漠、沉闷、健康状况不佳的印象，对于他人对你的评价起着至关重要的作用。那么，究竟如何才能让自己鹤立鸡群，真正发挥光环效应呢？

1. 当众敢讲话

口才是通过与多人的交流才能练出来的，一定要训练自己敢于当众讲话的能力。

虽然如今的李攀能够在五六十人面前侃侃而谈，成为众人的焦点，但他回想起这些年经历过的，不胜唏嘘。

李攀的第一份工作是销售，销售的活儿并不好做。他不会主动去拉客人来店里参观，只有他们主动过来问他，他才会给他们介绍一下产品的优势。如果客人说想去别的地方看看，他也不知道该怎样才能留住客人。不仅如此，有些客人因为看到李攀一紧张就说不出话来，干脆掉头就走，让他白白错失了不少生意。

"我就想把话说清楚说好，所以有时会把话在肚子里滚好几遍，可是越来越紧张，以至于到最后竟然什么也说不出来了。"李攀这样说自己在销售工作初期的体验。

实际上，开始在很多人面前讲话时，李攀还是会觉得紧张。"不能让别人发现这点。我会面带微笑，并用坚定的眼神看着某个听众，然后再转移到另一个人。说话时眼神飘忽会让人觉得你没有自信。"除此之外，学习新鲜词汇也是李攀的秘密武器，"根据对方的眼神、肢体动作、微表情等来猜测对方当时的想法以及情绪，适当地调整自己所讲的内容、语气及速度，会有更好的效果产生。在综艺节目中学到些时髦词汇，有时用来调节气氛会起到意想不到的效果。"

现在已经成为一家企业副总的李攀这样总结说："反正每个人都要说话，倒不如主动讲话，用更加开放的方式与人沟通，这就是现代社会中最省时省力的方式。"

就算是成功的推销员、演说家也并非从一开始就对当众说话习以为常、无所畏惧。一名成功的推销员很可能在经历多次失败之后才建立说话的勇气，著名的演说家也是从无数演说经验中才能掌握演讲的技巧。

我国古代大思想家荀子这样说过："口能言之，身能行之，国宝也；口不能言，身能行之，国之器也；口能言之，身不能行，国用也。"一流的领导者需要"会做"也"会说"，提升领导者当众讲话的能力理应受到重视。

2. 善于巧讲话

俗语说："一句话把人说笑，一句话把人说跳。"这就要求在说话时，要注意场合，增强场合意识，懂得在不同场合对说话内容和方式的特定限制和要求，学会看场合说话。

公司有一对新人在一家饭店举行婚礼，邀请了同事及领导。但是，当天正赶上下阵雨，不少来宾都弄湿了衣裤，新人和客人们不免有点儿懊丧，婚礼气氛有点儿不愉快。请领导讲话的时候，这位领导走到台前，微笑着高声说："老天爷作美，今天赶来凑热闹。好久没有下雨了，这是一场及时雨，这象征着这对新人在今后的人生道路上也会'天遂人愿'。雨过天晴就是艳阳天，这说明今天在座的各位都将迎来更加灿烂的明天。我提议，为了迎接雨过天晴，为了祝福这对新人，大家干杯！"

话音一落，整个餐厅的气氛发生了改变，沉闷的婚礼场面，一下子活跃起来。

人总是在一定时间、一定地点、一定条件下对着不同的人、不同的事，从不同的目的出发，应该善于讲不同的话，用不同的方式讲话，这样才能收到理想的效果。

对客户、对下属、对同僚有不同的说话方式，选择适合自己身份的语言，体现出自我特色，让自己在别人面前留下负责任、有分寸的形象。

3. 锻炼口才技巧

优秀的口才不是与生俱来的，它依赖于我们每个人后天的刻苦学习和锻炼。通过不断地学习、练习、揣摩，你也会拥有大家欢迎的口才，你自然就成为"鹤立鸡群"的那个人了。

在古希腊，著名演说家德摩斯梯尼天生口吃、嗓音微弱，还有耸肩的坏习惯。在常人看来，他似乎没有一点儿当演说家的天赋，因为在当时的雅典，一名出色的演说家必须声音洪亮、发音清晰、姿势优美、富有辩才。

但是，德摩斯梯尼并不气馁，为了克服自己耸肩的毛病，他在棚上吊了两把剑，剑尖正好对着自己的肩膀，如果他一耸肩剑就会刺着他。经过这样长期的练习，耸肩的毛病克服掉了。说话不清楚，怎么练？他虚心向著名的演员请教发音的方法。他找一个小鹅卵石含在自己的嘴里。他本来说话就不清楚，再含着鹅卵石就更不清楚了。经过艰苦的努力和训练，最后他含着鹅卵石说话都非常清楚。气不够用，怎么办？他边朗诵诗歌，边往山上跑。最后，这三个毛病都克服掉了。德摩斯梯尼不仅训练自己的发音，而且努力提高政治、文学修养。他研究古希腊的诗歌、神话，背诵优秀的悲剧和喜剧，探讨著名历史学家的文体和风格。柏拉图是当时公认的独具风格的演讲大师，他每次演讲，德摩斯梯尼都前去聆听，并用心琢磨大师的演讲技巧……

经过十多年的磨炼，德摩斯梯尼终于成为一位出色的演说家。

有人羡慕别人的好口才，但又为自己口才不好找了很多理由：性格内向、天生口笨、自己不讲别人也懂……事实上，这些"借口"只不过是为自己找的一些托词，没有人生下来就能言善辩，好口才大多是通过后天的努力练成的。

卡耐基说："不论是处在任何情况、任何状态之下，绝没有哪种动物是天生的大众演讲家。当众演讲是一门精致的艺术，必须谨遵修辞法并使用优雅的演说方式，因而，要想做个天生的大众演说家那是极其困难的，是经过艰苦努力才能达到的。"

真诚效应：使人动心，需要展现真诚

曾经打败过拿破仑的库图佐夫在给叶卡捷琳娜公主的信中说："您问我靠什么魅力凝聚着社交界如云的朋友，我的回答是'真实、真情和真诚'。"

如果一个人说话只追求辞藻华丽，缺乏真挚的感情，这样绝不能感染人。充满感情、融入真情的语言最能打动人心。

最能推销产品的人并不一定是口若悬河的人，而是善于表达真诚的人。当你用得体的话语表达出真诚时，你就赢得了对方的信任，建立起人与人之间的信赖关系，对方也就可能信赖你这个人。只有当听者感受到你的诚意时，他才会打开心门，接受你讲的内容，彼此之间才能实现沟通和共鸣。

1. 说话真诚能赢得信任

从某种意义上来讲，如果缺乏真诚，再美妙的口才也失去了吸引力，如同一束没有生命力的绢花，虽然很美丽但不鲜活动人，缺少魅力。

北宋词人晏殊，14岁时就被人举荐给宋真宗。真宗见了他，并要他与很多人一同参加考试。结果晏殊发现考试的题目是自己十天前练习过的，就如实向真宗报告，并请求改换其他题目。宋真宗非常赞赏晏殊的诚实品质，便赐予他进士。

晏殊任职期间，正值天下太平，京城的大小官员经常到郊外游玩或在城内的酒楼茶馆举行各种宴会。晏殊家贫，无钱出去吃喝玩乐，只好在家里和兄弟们读书写文章。有一天，真宗提升晏殊为辅佐太子读书的东宫官。大臣们都不明白真宗为何做出这样的决定。真宗说："近来群臣经常游玩宴饮，唯有晏殊闭门读书，如此自重谨慎，正是东宫官合适的人选。"晏殊谢恩后说："我其实也是个喜欢游玩宴饮的人，只是家贫而已。若我有钱，也早就参与宴游了。"宋真宗听了他的话，此后更加信任他了。

与人交谈，贵在真诚。有诗云："功成理定何神速，速在推心置人腹。"只要你与人交流时能捧出一颗恳切至诚的心、一颗火热滚烫的心，怎能不让人感动？"动人心者莫先乎于情。"炽热真诚的情感能使"快者掀髯，愤者扼腕，悲者掩泣，羡者色飞"。

因此，生活中的我们首先应想到的是如何把我们的真诚注入与人交谈的过程之中，如何把自己的心意传递给对方。

2. 要与人产生共鸣

说话的魅力并不在于你说得多么流畅、滔滔不绝，而在于是否真诚，是否与人产生共鸣。

中国女足在一次比赛中获得较好的名次，记者向运动员问道："你们得了亚军后心情如何？你们是怎么想的？"其中一名运动员不假思索地回答道："我想最好能睡三天觉！"

这样的回答十分质朴，没有任何修饰成分，你听了一定会会意一笑。如果这位此时长篇大论，讲一通"我们还有很多不足"之类的话，可能就不会引起观众的共鸣。

说话是一个传递信息的过程，所以要提高自己的说话水平，增强自己的语言魅力，并不完全在于说话者本人能否准确、流畅地表达自己的思想，还在于他所表达的思想、信息能否为听众所接受并产生共鸣。也就是说，要将话说好，关键还在于如何拨动听者的心弦。

有些人长篇大论甚至慷慨陈词，可就是难以提起听者的精神；而有些人仅仅寥寥数语却掷地有声。其中的奥秘就在于，后者所讲的话，能设身处地地站在对方的立场，为对方着想。因此他们的话总是充满真诚，也更容易打动人心。

3. 要结合自己的实际

不要追求华丽的辞藻，即使是朴实无华的语言，只要融入了真诚也一样具备强大的感染力。

有位大学老师写了一本关于思想政治工作的书，出版社让他推销1000册。对这位老师而言，这远比讲课要难得多。为了把书推销出去，他在学员中搞了一次演讲，他说："当老师的在这里推销自己写的书，总不免有些尴尬。不过，如今作者也很难，写了书，还得卖书。出版社一下压给我1000册，稿费一文没有，所以我不推销不行。这本书写得怎样，我自己不好评说。不过有两点可以保证：第一，这本书是我用三年时间完成的，是我心血的结晶；第二，书的内容绝不是东拼西凑抄来的，是我自己长期思考的见解。前不久，这本书被思想政治工作研究会评为社科类图书的二等奖，这是获奖证书。说实话，对于我们这些教书匠来说，搞推销比写书还难，只能硬着头皮来找大家帮忙。不过，买不买完全自愿，决不强迫。如果觉得这本书对你有用，你又有财力就买一本，算是帮我一个忙。谢谢。"他的这次演讲立即产生了效果，一次就卖掉了300多册。

这位大学老师的成功就在于他恰到好处地表达了自己的真诚，赢得了听众的信赖。这再一次说明，在讲话中学会表达真诚要比单纯追求流畅和精彩更重要。

美国著名脱口秀主持人拉里·金的经验是，"谈话时必须注入感情，表现你的热情，让人们能够真正地体会并分享你的真实感受"。可以说，真诚是通往人们心灵的桥梁。

南风效应：动人心者，莫先乎情

法国作家拉·封丹曾写过一则寓言，讲的是北风和南风比威力，看谁能把行人身上的大衣脱掉。北风首先来一个冷风凛凛、寒冷刺骨，结果行人为了抵御北风的侵袭，便把大衣裹得紧紧的。南风则徐徐吹动，顿时风和日丽，行人因为觉得很暖和，所以开始解开纽扣，继而脱掉大衣。结果很明显，南风获得了胜利。

南风之所以能达到目的，就是因为它顺应了人的内在需要，使人的行为变为了自觉。这种以启发自我反省、满足自我需要为特征的方式所带来的心理反应，被称为南风效应，有时也被称作温暖法则。

俗话说："良言一句三冬暖，恶语伤人六月寒。"温和的讲话方式往往比强硬的语言有效果。用泰戈尔的话来说就是："神的巨大权威是在柔和的微风里，而不在狂风暴雨之中。"

1. 与人讲话时要热情

在人际交往中，那些拥有热情品德的人说出来的话总会让人感觉到舒心和信任，他们往往也收获更多。

一个雨天的下午，有位老妇人走进匹兹堡的一家百货公司，漫无目的地在里面闲逛，很显然是一副不打算买东西的样子，大多数的售货员只对她扫一眼后就自顾自地忙着整理货架上的商品，以避免这位老太太麻烦他们。其中一位年轻男店员看到了她，立刻主动地向她打招呼，非常热情地问她，是否有什么需要帮忙的。这位老太太对他说，她只是进来躲雨的，并不打算买任何东西。年轻店员说，他们同样欢迎她的到来。他主动地和她聊天，以显示他欢迎的诚意。当她离开时，年轻人还陪她到门口，替她把伞打开。这位老太太向年轻人要了张名片就上车了。

此后的一天，年轻人突然被公司老板叫到办公室，老板向他出示了一封信，是位老太太写来的。这位老太太要求这家百货公司派一名销售员前往英格兰，代表该公司接下一项装修一所豪华住宅的工作。

这位老太太就是钢铁大王卡内基的母亲。

在这封信中，卡内基的母亲特别指定这名年轻人代表公司去接受这项工作。这项工作的交易额十分庞大。

是热情的话语和行动让这位年轻人找到了财富增值的机遇。热情就像冬日里温暖的阳光，让每个人都感到暖意融融，并为之深深感染。热情的能量能点燃事业兴旺的火焰，也能消融人们心中冷漠的冰雪。

毕业于哈佛大学的拉尔夫·爱默生说："一个人如果缺乏热情，那是不可能有所建树的。热情是在别人说你'不行'时，发自内心的有力的声音——'我行'。"只要你再坚持一点儿、再执着一点儿，成功就在眼前了。人们对于执着的事物如此，对待他人更应该如此。

2. 不轻易对人发火

有的人出发点并不坏，但是在讲话时往往怀着"恨铁不成钢"的心理，动不动就声色俱厉地训斥，好像不如此就不足以显示师长的"威严"。殊不知，这"呼呼北风"只能引起对方的对立情绪和逆反心理。

苏霍姆林斯基是苏联著名的教育家，他刚参加工作的时候，班上一个叫斯捷帕的男孩非常顽皮，一次课间与同学玩耍时无意中把教室里的一盆全班十分珍爱的玫瑰花给碰断了。苏霍姆林斯基大声斥责了这个男孩，并竭力使这个闯祸的孩子认识到自己的错误。事后，班上的孩子们又拿来了 3 盆同样的花。苏霍姆林斯基让孩子们用心轮流看护，唯独没有让斯捷帕参加这项集体活动。慢慢地，斯捷帕变得话少了，也不那么淘气了。年轻的苏霍姆林斯基当时想，这也好，说明自己的训斥对这个学生起了作用。

可是不久之后，发生了一件事情。这天放学后，苏霍姆林斯基因为有事留在教室里，斯捷帕也在教室里，他准备把作业做完再回家。当发现教室里只有老师和他两个人时，斯捷帕便觉得很窘，急忙准备回家。苏霍姆林斯基没有注意到斯捷帕的表情变化，就叫他跟自己一起到草地上去采花。这时，斯捷帕苦笑了一下，接着眼泪便滚落下来，从苏霍姆林斯基面前跑着回家了。

这件事对苏霍姆林斯基触动很大。此时他才明白，由于自己不当的责罚，给学生造成了极大的影响。他意识到自己的做法使孩子感到了委屈。因为孩子弄断花枝是无意的，而且对自己的行为也感到后悔，打算做些好事来弥补自己的过失，而苏霍姆林斯基却粗暴地拒绝了他这种意愿，并且拒绝他参加集体活动。对这种真诚的懊悔，报之于发泄怒气的教育，无疑是对孩子的当头一棒。

为什么不试一试"南风效应"呢？它看起来平淡无奇，却触及对方的心灵；它听起来缺乏力度，却起到了"润物细无声"的效果。

3. 把人的心暖热

很多人都知道感情投资的奥妙，不失时机地进行一些感情投资，会起到非常好的激励效果。

在某餐厅，适逢餐厅员工下班，有位员工刚骑上自行车时，不小心摔了下来，看上去摔得不重。此时，只见餐厅经理快速起身跑了过去，扶起那位员工关切地问："摔得重不重？要不要给你找辆车去医院看看？"员工回答："不用。""你看都摔破皮了，去餐厅搽点儿药，歇歇再走吧。"

经理小心地扶着她回到餐厅，然后就去找药，找到药后，又亲自替这位员工擦上，还对她说如果不舒服，下午就不用来上班了，算公假。那位员工连声说："不用，不用。"

如果企业管理者都能像这位经理一样表现出对员工诚挚的关切，那么企业何愁不能发展呢？

例如，团队中有一个人得了一场病，请了半个多月的病假。如今他恢复健康，头一天来上班，如果管理者对他的到来面无表情、麻木不仁、不加半句客套，这肯定会让员工感到心里不舒服。

即使对方是你的下属或晚辈，也不要动辄训斥辱骂，甚至大发脾气。只有把"情"字放到话语中，才能激发对方的好感与认同。

如果能从话语中多给对方一些温馨和感召，必然使对方深受感动。成功者都有一副好口才，而这种以情动人的方法，也应该是好口才的一部分。

好心情原理：会听话，更要会适时说话

"出门看天色，进门看脸色"，这句俗语说明了察言观色的重要性。当你在对方心情好的时候说出你的要求和建议，对方接受的可能性就更大；在对方愿意接受的时候谈起你的请求，即使他对这方面的兴趣不大，也会很乐意听你讲。

其实，任何人都有情绪的高潮期和低潮期。当人的情绪处于低潮期的时候，往往表现得很烦躁，选择这个时候跟他说话，往往会"撞到枪口上"。当人的情绪处于高潮期的时候，对别人的包容也会更多，这时候即使你的言辞有闪失，他也不会计较。这就是好心情原理。

人们常说"人逢喜事精神爽"，当对方的情绪高涨时适当说一些恭维话，可能让对方更加兴奋，即使你有所要求，他也可能会痛快地答应。

1. 随时注意对方的脸色

人的面部表情，能够传递很丰富的感情。例如，同情和关心、厌恶和鄙视、信任和尊重等，都会暴露在面部上。

清朝末年的李续宾是曾国藩手下善于揣测其意图的爱将。一次，曾国藩召集众将开会，谈到当时的军事形势时说："诸位都知道，洪秀全是从长江上游东下而占据江宁的，故江宁上游乃其气运之所在。现在湖北、江西均为我收复，仅存皖省，若皖省克复……"

此时，李续宾早已明白曾国藩现在的意图，趁势插话说："嫡帅的意思是要我们进兵安徽？""对！"曾国藩以赞赏的目光看了李续宾一眼，"续宾说得很对，看来你平日对此已有思考。为将者，踏营攻寨计算路程尚在其次，重要的是要胸有全局，规划宏远，这才是大将之才。续宾在这点上，比诸位要略胜一筹。"

李续宾一句话赢得了这么高的赞扬，在于其会察言观色。

有的时候，人们对自己那份难以说出的感情，会故意让对方了解或看出。但是有些时候，非但不想让对方知道，甚至想隐藏起来。但是不论哪种情况，都或多或少会显现在人的脸上。当它展现出来时，如果你不注意而继续自顾自地说下去，就会带来于你不利的后果。

因此，当你和别人面谈时，要随时注意对方的脸色，一旦出现了类似的表情，要立刻停止原先强迫性的说法，如果你改变语气或说辞之后，对方的那种表情仍未消失，可以直率地问对方是否有什么困难，这样做，可以让对方将难以启齿的心事或是心里的疙瘩说出来，从而更好地了解对方。

2.迎合对方的心情

判断出他人的心理活动，说话的时候就可以有的放矢。

小崔带着销售助理小王一起请客户吃饭。小崔的职务是销售经理，是小王的上级。但这次小崔为了锻炼小王，就对小王说："这次你和客户主谈，我是陪同。"

客户如期赴约。饭菜上来的当儿，小王就急不可待地向客户介绍他们新推出的一款产品。客户听了一会儿，就突然起身对他们俩说："不好意思，刚才接到媳妇的短信，说孩子生病了，我需要回去一趟，不好意思，下次我请客。"说完，就急忙出去了。

小崔问小王："你觉得客人家中真的有事吗？"

小王说："我觉得是客人在推辞。"

小崔说："既然都已经来了，还要推辞，那说明什么呢？"

小王说："那说明客户内心很不满意。"

小崔继续问："不满意什么呢？"

小王答不上来。

小崔说："客户不满意的是你的表现，客人一进来，就面色不悦，说明他心中有不高兴的事情，这种情况下你还推销产品，他能不烦吗？你最大的失误就是未能判断对方的心理。"

懂得心理学的人常常能通过人体的各种表现，揣摩出对方的心理。例如，对方抱着胳膊，表示在思考问题；抱着头，表明一筹莫展；低头走路、步履沉重，说明他心灰气馁；昂首挺胸，高声交谈，是自信的流露；女性一言不发，揉搓手帕，说明她心中有话，却不知从何说起；真正自信而有实力的人，反而会探身谦虚地听取别人讲话；抖动双腿常常是内心不安、苦思对策的表现，若是轻微颤动，就可能是心情悠闲的表现。

人与人的性格各不相同，有的时候，我们很热情地与人交谈，对方却持一种戒备心理。碰到这种情况时，你只有设法消除对方的戒备心理，交谈才能顺利进行。

3. 要学会察言观色

郭德成是元末明初人，他性格豁达、十分机敏，且特别喜欢喝酒。

一次，郭德成兴冲冲赶到御花园陪朱元璋喝酒。眼见花园内景色优美，桌上美酒芳香四溢，他忍不住酒性大发，连声说道："好酒，好酒！"随即陪朱元璋痛饮起来。

杯来盏去，渐渐地，郭德成脸色发红，但他依然一杯接一杯喝个不停。眼看时间不早，郭德成烂醉如泥，踉踉跄跄地走到朱元璋面前，弯下身子，低头辞谢，结结巴巴地说道："谢谢皇上赏酒！"

朱元璋见他醉态十足，衣冠不整，头发凌乱，笑道："看你头发披散、语无伦次，真是个醉鬼疯汉。"

郭德成摸了摸散乱的头发，脱口而出："皇上，我最恨这乱糟糟的头发，要是剃成光头，那才痛快呢。"

朱元璋一听此话，脸涨得通红，心想，这小子怎么敢这样大胆地侮辱自己。他正想发怒，看见郭德成仍然傻乎乎地说着，便沉默下来，转而一想：也许是郭德成酒后失言，不妨冷静观察，以后再整治他不迟。想到这里，朱元璋虽然闷闷不乐，还是高抬贵手，让郭德成回了家。

郭德成酒醉醒来，一想到自己在皇上面前失言惹得皇上不高兴，他冷汗直流。原来，朱元璋少时曾在皇觉寺做和尚，最忌讳的就是"光""僧"等字眼。因此字眼获罪的大有人在。郭德成怎么也想不到，自己这样糊涂，这样大胆，竟然戳了皇上的痛处。

郭德成知道朱元璋不会轻易放过自己，以后难免有杀身之祸。他仔细地想着脱身之法：向皇上解释，不行，更会增加皇上的嫉恨；不解释，自己已经铸成大错。难道真的要为这事赔上身家性命不成？郭德成左右为难，苦苦地寻找妙计。

过了几天，郭德成继续喝酒，狂放不羁。后来，他进寺庙剃光了头，真的做了和尚，整日身披袈裟，念佛经。

朱元璋看见郭德成真做了和尚，心中的疑虑、嫉恨全消，还向自己的妃子赞叹说："德成真是个奇男子，原先我以为他讨厌头发是假，想不到真是个醉鬼和尚。"

郭德成之所以能在朱元璋的铁腕下保住自己的性命，是因为他能够从朱元璋的脸色中看到可能蕴藏的祸事。因此不贪恋官位，随机应变，从而避了祸。

如果要解释缘由，消除误会，必须选择好时机，一定要考虑对方的心境、情绪等情感因素。最好选择对方心情愉快、精神放松的时候，你如果能抓住这些时机进行交谈，往往能得到对方的认同，从而顺利地达到交谈的目的。

古德曼定理：学会把话语权交给对方

美国加州大学心理学教授古德曼提出一个观点，即没有沉默就没有沟通。有人认为，能说会道的人最受欢迎，人应该学会将话语权交给对方，学会倾听。

会说话的人有锋芒毕露的时候，也常有言过其实之嫌，话说多了，夸夸其谈，油嘴滑舌，说多了有可能言多必有失，祸从口出。静心倾听就没有这些弊病，倒有兼听则明的好处。用心听，给人的印象是谦虚好学、专心稳重、诚实可靠。仔细听能减少不成熟的评论，避免不必要的误解。有人曾说过：倾听是对他人最好的恭维。善于倾听，于人于己都有着不可估量的积极作用。

1. 学会沉默

有这样一个故事：

有个小国使者来到中国，进贡了三个一模一样的金人，做工精巧，皇帝很喜欢。这小国使者出了一道题目：这三个金人哪个最有价值？

皇帝想了许多的办法，请来珠宝匠检查，称重量，看做工，都是一模一样的。怎么办？使者还等着回去汇报呢。泱泱大国，不会连这个问题都回答不上吧？

最后，有一位大臣说他有办法。老臣胸有成竹地拿着三根稻草，插入第一个金人的耳朵里，这稻草从另一边耳朵出来了。第二个金人的稻草从嘴巴里直接出来，而第三个金人，稻草直接掉进了肚子里。老臣说，第三个金人最有价值！使者默默无语，答案正确。

最有价值的人，不一定是最能说的人。善于倾听，才是成熟的人最基本的素质。当你能够心领神会的时候，沉默便胜过千言万语。

少说益处多多，少说不但可以导引对方多说，还可以避免流露自己内心的秘密，更可以避免说错话，得罪别人。少说，你就成为一个冷静的旁观者，一切都在你的掌握之中。

2. 善于倾听

倾听能够减轻他人的压力，帮助他人厘清思绪。倾听对方的任何意见或议论就是尊重，以同情和理解的心情倾听别人的谈话，不仅是维系人际关系、保持友谊的有效的方法，更是解决冲突、矛盾和处理抱怨的好方法。

美国南北战争曾经陷入困难的境地，当时身为美国总统的林肯，有来自多方面的压力。他把自己的一位老朋友请到白宫，想跟他聊聊。

林肯和这位老朋友谈了好几个小时。他谈到了发表解放黑奴宣言是否可行的问题。林肯一一分析了这一行动可行和不可行的理由，然后把一些信和报纸上的文章念出来。其中，有些人怪他不解放黑奴，有些人则因为解放黑奴而谩骂他。

在谈了数小时后，林肯跟这位老朋友握握手，甚至没有征求他的看法就把他送走了。

这位朋友后来回忆说，当时林肯一个人说个不停，这似乎使他的心境清晰起来。然而，他在说了这些话后，似乎觉得心情舒畅多了。

当时遇到巨大麻烦的林肯，不是需要别人给他忠告，而只是需要一位友善的、具有同情心的倾听者，以便减缓心理上的巨大压力，摆脱思想上的极度苦闷。

就人的本质来看，我们每个人最关心的是自己，喜欢讲述自己的事情，喜欢听到与己有关的东西。你要使人喜欢你，那就做一个善于静听的人，鼓励别人多谈他们自己。

所谓多听，就是多听别人说。你可获得大量信息，深入了解对方的需求，准确把握事实的真相，洞察对方的真实意图。他说得越多，你知道得越多！

3. 学会常点头

所谓"常点头"，就是说听别人说话时不时点头，表示你的专注，如果有不同意见，也要先点头再提出。这样，每个人都会当你是好朋友，你就没有走不通的道路。

当对方在同你谈某事，因担心你可能对此不感兴趣，显露出犹豫、为难的神情时，你可以伺机说一两句安慰的话："你能谈谈那件事吗？我不十分了解。""请你继续说。""我对此也是十分有兴趣的。"此时你说的话是为了表明一个意图：我很愿意听你的叙说，不论你说得怎样、说的是什么。这样能消除对方的犹豫，坚定他倾诉的信心。

当对方由于心烦、愤怒等原因，在叙述中不能控制自己的感情时，你可用一两句话来疏导："你一定感到很气愤。""你似乎有些心烦。""你心里很难受吗？"说这些话后，对方可能会发泄一番，或哭或骂都不足为奇。因为，说这些话的目的就是把对方心中郁结的情感"诱导"出来，当对方发泄一番后，会感到轻松、解脱，从而能够从容地完成对问题的叙述。

但是，专家强调，说这些话时不要陷入盲目安慰的误区。不应对他人的话做出判断、评价，说一些诸如"你是对的""你不应该这样"一类的话。你要做的不过是顺应对方的情绪，为他架设一条"输导管"，而不应该"火上浇油",强化他的抑郁情绪。

当对方在叙述时急切地想让你理解他的谈话内容时,你可以用一两句话来"综述"对方话中的含义:"你是说……""你的意见是……""你想说的是这个意思吧……"这样的综述既能及时地验证你对对方谈话内容的理解程度,加深对其的印象,又能让对方感到你的诚意,并能帮助你随时纠正理解中的偏差。

如何做一个良好的听众呢?首先,要真诚,用眼睛注视对方,等于告诉他"我很有兴趣",对方的自尊心将得到极大满足。其次,应当力戒注意力不集中、对对方所说的内容不感兴趣、自己抢着发言、不给对方充分发表意见的机会和时间,或是多次打断对方的发言等。所以倾听对方发言时,要积极、主动、耐心。即使对方的发言冗长,甚至说出了让自己不爱听的话,也不要指责对方、打断对方的发言。另外,对对方发言的反馈要及时,谨慎选择时机、方式,还应鼓励对方充分发表自己的意见、看法。

但是,我们在倾听别人讲话的同时,还应该学会高明地插话。如何插话才有助于达到最佳的倾听效果呢?

一般来说,我们应根据不同对象,采取不同的方法。

不对对方的谈话内容发表判断、评论,始终保持中性的态度。有时在非语言传递信息中你可以流露出你的立场,但在语言中切不可流露,这是一条重要界限。如果你试图超越这个界限,就有陷入倾听误区的危险,从而使一场谈话失去方向和意义。

一家人也需要赞美

美国《人物》杂志选出 2009 年度全球 100 名最美丽人物,当时的美国第一夫人米歇尔·奥巴马也名列其中。米歇尔自称:"家人的赞美令我美丽。"她告诉《人物》杂志:"我有认为我长得漂亮的父亲和哥哥,他们每天都让我有那样的感觉。他们认为我聪明、敏捷、有趣,我听到许多那样的话。我知道有许多年轻女孩没听过，但我是幸运的。"

一位朋友说她和母亲关系自小就疏离，长大之后相敬如"冰"的原因，就是由于她母亲泼冷水的专长。

她自小成绩优秀，考第二名时，母亲先问的第一句竟是："第一名多你几分？"得到第一名后，她原以为会得到赞赏，母亲却说："成绩好没什么了不起，女孩子品德最重要。"母亲生日时，她用零用钱买了她觉得很漂亮的生日礼物，母亲却觉得浪费钱，要她回去换，她嘟着嘴抗议自己的一番孝心都白费了，母亲却说："没揍你已经很好了。"甚至当她长大成人后和母亲一起买衣服，站在穿衣镜前时，母亲也在她背后"赞赏"她："没想到你全身上下，就这双小腿长得还可以。"

这样没有建设性的批评，可不能算是"忠言逆耳"，说者不见得有恶意，听者却是大大伤了心。

"数子十过不如奖子一功"，表扬孩子是非常重要的，它的作用常常要比批评大得多，效果也要好得多。一次小小的表扬和鼓励，对孩子的影响有时是终生的。

通用电气原总裁杰克·韦尔奇小时候有口吃的毛病，每当小朋友嘲笑他"小口吃""笨蛋"时，他总会哭着去找母亲。母亲拍拍他的小脑袋，爱抚地说："孩子，那是因为你太聪明，所以你的嘴巴无法跟上你聪明的脑袋瓜。"韦尔奇听后破涕为笑，他不再自卑。因为他对母亲的话深信不疑，相信自己有一颗聪明的脑袋。后来他发奋学习，45岁那年成为美国通用电气公司历史上最年轻的董事长和首席执行官。他在自传中说："那是迄今为止我听到过的最美妙的一句话，也是母亲送给我最伟大的一件礼物。"

一句赞美能改变一个人的一生。

有一个调皮的孩子，他偷偷地向邻居的窗户扔石头，还把死兔子装进桶里放到学校的火炉里烧烤，弄得臭气熏天。

他9岁那年，父亲娶了继母，继母来自富有的家庭。父亲告诉她要好好注意这孩子，"他可让我头痛死了，说不定会在明天早晨以前就拿石头扔你，或者做出别的什么坏事，总之让你防不胜防。"

让人出乎意料的是，继母微笑地走近这个孩子，托起他的头看着他，接着回头对丈夫说："你错了，他不是全州最坏的孩子，而是最聪明的，但还没有找到发泄热忱地方的孩子。"

男孩听后心里热乎乎的，眼泪几乎滚下来。凭着她这一句话，他和继母开始建立友谊；也就是这一句话，成为激励他的一种动力，帮助他和无穷的智慧发生了联系，使他成为20世纪最有影响力的人物之一。这个男孩就是戴尔·卡耐基。

母亲的亲吻使儿子成了画家。

一天，一个小男孩在家里照顾他的妹妹莎莉，他无意中发现了几瓶彩色墨水。母亲不在家，那些瓶子对他是一种极大的诱惑，小男孩忍不住打开瓶子，开始在地板上画起了妹妹的肖像。不可避免地，他把室内各处都弄上了墨水污渍，家里变得脏乱不堪。

当他母亲回来时，被眼前的情景惊呆了，但她同时也看到了地板上的那张画像——准确地说是一片乱七八糟的墨迹。她对色彩凌乱的墨水污渍视而不见，却惊喜地说道："啊，那是莎莉！"然后弯下腰来亲吻了她的儿子。这个男孩就是本杰明·威斯特，后来成为一名著名的画家。他常常骄傲地对别人说："是母亲的亲吻使我成了画家。"

这样的例子还有很多。

一个喜爱足球的女孩，考了许多次都没有被足球队录取。按照身体条件，她真的不是很优秀。但是体校教练总是鼓励她"下次肯定能成功"。后来，她终于进入了足球队。多年后，她成为中国女子足球队的队长，她就是孙雯。

一个身材矮小的女孩，喜欢上了乒乓球。父亲对她说："你很优秀，真的。"她后来成为乒乓球国手，她的名字叫邓亚萍。

没有人会说他们的成功就是那几句温馨的话的结果，但是他们却说，那些话至今记忆犹新。别吝啬对孩子的赞赏与鼓励，它可以给一个人的自信、尊严和灵魂，也可以给孩子一个美好的世界。

许多家长说："我知道应该多赞赏孩子，多鼓励他，可是，我的孩子不经夸，一夸就骄傲自满。"其实，这主要是因为你的赞美没有具体化，你只是笼统、模糊地说："孩子，你真聪明啊！"他也不知道自己到底是哪儿聪明，当然容易骄傲了。

而假如你具体地指出孩子聪明在哪里，那么，就会刺激他坚持这种聪明的举动。比如，你鼓励他说："你真有股钻劲，我发现，你在解应用题时总能想出第二种思路和方法。"那么，他以后在解应用题时，就会有意识地坚持多想出一种方法来。

对孩子的表扬越具体明确，孩子就越容易理解，并且重复这一好行为，从而养成一种终身受益的好习惯。比如，你的目标是要求孩子玩耍后自己收拾好玩具，尽管孩子从来不这样做。但有一次她把一个玩具放进玩具盒里，表扬的时机就来了。"你把积木放进了玩具盒里，真不错。妈妈帮你一起把别的玩具收起来好吗？"孩子也会很高兴，也许会从此爱上收拾玩具乃至房间。好习惯就会越积越多，自然而然地会有一个好的结果、好的人生。

表扬的方式还要适合孩子的年龄。对年龄很小的孩子，在口头赞美的同时，最好再给他一个亲吻、一个拥抱或者其他的身体接触；而大一点的孩子，表扬方式则可以含蓄一些，父母可以写一些小纸条夹在他的书里，或心领神会地向他眨眼睛，或竖起大拇指表示自己已经注意到他的好表现。家长可以不断尝试，留意哪一种赞美方式对自己的孩子更好。

同一个人在不同场合、不同时间表现是不一样的。通过多种比较，你将能更有效地进行表扬。

有一位母亲通过不同场合的比较来赞扬其孩子：我女儿以前睡觉总要抓住我的手，一到睡觉时就说："妈妈，手手。"这真成了我的一个负担。可自从入园后，我在老师那儿却了解到孩子在园里睡得很好，自理能力很强。于是我把女儿叫到老师面前，表扬了她在幼儿园的表现，然后将她在园里和在家的睡觉表现做了比较，并说："你在幼儿园睡得那么好，我相信你在家睡觉也不用抓住妈妈的手了。"女儿马上表示她能做到。果然，当天晚上她就开始这么做了。

赞美及表扬是教育孩子的重要方法，在表扬孩子时，大人要态度热情、表情亲切，孩子自然会感到很高兴、很兴奋，这种体验可以加深孩子对成功本身意义的认识，并且愿意在以后继续这么做。当你想要表扬你的孩子时，不妨试一试以上的方法，也许会给你和孩子带来一份意想不到的快乐。

韩国电影《悲怆》中才华横溢的女钢琴家因为长期得不到教授丈夫的欣赏和赞美而红杏出墙，当丈夫悔悟并原谅她时，无法回到昔日的她选择跳楼自尽，丈夫则悔恨终生。

在男女关系中，赞扬是增进感情的绝佳途径，但男人们在这方面显然还不够聪明，他们要么好的方面不说，要么讽刺打击，要么敷衍了事……许多家庭危机也随之降临。

女人是感性的动物，男人对女人的微笑和赞美是对女人最好的激励。丈夫的挑剔、指责、埋怨，常常使女人心灰意冷：炒菜怕丈夫嫌难吃，不敢做；买衣服怕丈夫嫌难看，不敢买。久而久之，就没有了做饭、买衣的兴趣，谁愿意干费力不讨好的事儿呢？

其实女人的心肠最软，听不得几句好话。丈夫一句真心的赞美，就能让妻子做饭的劳累跑到九霄云外；一句对新衣由衷的赞赏，就能让妻子欣喜若狂，甚至打消她继续购置新装的打算，能为家庭节省不少开支呢。

一位婚姻面临破碎的女士试着让自己从女强人、高管的位置上下来，尽量去发掘丈夫的优点。起先，她感到很别扭，很不自然；慢慢地，她发现了丈夫大有优点，而且越留神发现得越多，表扬也就脱口而出，结果赞美的"花籽"开出了绚丽的花朵：她的丈夫不再沉默寡言，不再是惹不起躲得起，不再频繁地"出差"和"加班"，他开始谈笑风生，做家务的积极性高涨，对妻子体贴有加，家里不再"乌云压城城欲摧"，而是雨过天晴，一派大地复苏、草长莺飞的明媚。

一个赞许的目光，一个会心的微笑，一个轻轻的拥抱，悄悄递上的一杯热茶，都是婚姻里爱的一种表达、一种延续。赞美与鼓励不仅是生活的巧克力，更是婚姻关系的黏合剂。

经过这样的训练，你的家人或身边朋友 90% 的缺点都可能变成值得赞美的地方。所有的事情只在于你是否下决心去做。

第四章

刚柔并济，
用逻辑灵活掌握话语主动权

让对方一步一步说"是"

在谈话开始的时候，如果能够引导对方说出更多的"是"，那么之后的建议或意见，就比较容易获得对方的认可。

每个人都有自己的思维定式，你习惯向某一个方向思考问题时，你就会倾向于一直考虑下去，这就是为什么有些人一旦沉醉于某些消极的想法之后，一直难以自拔的道理。在说服别人时，我们可以运用这一原理。

在与人讨论某一问题时，不要一开始就把双方的不同意见摆出来，剑拔弩张。而应先讨论一些你们具有共识的事情，让对方不断说"是"。渐渐地，你慢慢提出双方存在的分歧，这时对方也会习惯性地说"是"。一旦他发现之后，可能已经晚了，只好继续说下去。

布朗是格林尼治储蓄银行的一名出纳，他就是采用这种办法挽回了一位差点失去的顾客。

一次，有个年轻人走进银行大厅的窗口前说要开个户。布朗听了，马上递给他几份表格让他填写，但年轻人却以不愿泄露个人信息为由，断然拒绝填写有些方面的资料。

布朗说："我可以理解不愿泄露自己的相关信息，这种警惕是值得提倡的。但是，假定你遇到意外，是不是愿意银行把钱转给你所指定的亲人？"

年轻人说："是的，当然愿意。"

布朗说："那么，你是不是认为应该把这位亲人的名字告诉我们，以便我们届时可以依照你的意思处理，而不致出错或拖延？"

年轻人说："是的。"

这时，年轻人的态度已经缓和下来，他知道这些资料并非仅为银行而留，而是为了他个人的利益。

最后，这个年轻人不仅认真地填了所有资料，而且在布朗的建议下，还开了一个信托账户，指定他的母亲为法定受益人。当然，他也填写了所有与他母亲有关的真实资料。

由于布朗一开始就让不愿配合工作的年轻人回答"是，是的"，这样反而使他忘了原本存在的问题，而高高兴兴地去按布朗建议的那样去做。

让对方一开始就说"是，是的"。假如可能的话，最好对方没有机会说"不"。"是"的反应其实是一种很简单的技巧，却为大多数人所忽略。懂得说话技巧的人，会在一开始就得到许多"是"的答复。这可以引导对方进入肯定的方向，就像台球一样，原先你打的是一个方向，只要稍有偏差，等球碰回来的时候，就完全与你期待的方向相反了。也许有些人以为，在一开始便提出相反的意见，这样不正好可以显示出自己的重要而有主见吗？

在不能使对方认同你的观点之前，一味地争辩是没有用的。学会让对方开口说"是"，之后不停地说下去，直到他对你提供的方案也点头说"是"，你的说服工作就成功了。

如果你能将事情做得像是对方自己做的决定，而不是他在你的劝说下勉强做的选择，那么不必你再去说服，他自己就会点头称是，与你合作了。

没有人愿意被别人强迫去做事，大家都喜欢自己去设计、自己去选择。如果你满足了对方"自我表现"的欲望，他会很高兴地配合你的工作，因为他认为这其中包含他的思想和创意。

说服他人其实就是这么简单，只要你找到了让他开口说"是"的方法。所以，在谈话开始的时候，如果能够引导对方说出更多的"是"，那么之后的建议或意见，就比较容易获得对方的认可。

借助权威效应，引导对方的态度和行为

权威效应，又称为权威暗示效应，是指一个人要是地位高、有威信、受人敬重，那他所说的话及所做的事就容易引起别人重视，并让他们相信其正确性，即"人微言轻，人贵言重"。

每个人对身边的人或对社会都有一定的影响力，但影响力的大小各有不同。一般来说，权威人物容易对他人产生更大的影响。假如你的眼睛不适，到医院就诊。如果其他条件相同，有一位眼科专家和一位刚从医学院毕业的年轻大夫供你选择，你会选择哪个呢？相信你一定会选择专家。这些都说明，权威人物对我们的影响力要超出常人。

为什么有这种权威效应存在呢？首先是由于人们有"安全心理"，即人们总认为权威人物往往是正确的楷模，服从他们会使自己产生安全感，增加不会出错的"保险系数"；其次是由于人们有"赞许心理"，即人们总认为权威人物的要求往往和社会规范相一致，按照权威人物的要求去做，会得到各方面的赞许和奖励。

被权威效应所引导，一个非常明显的例子就是美国的汽车。在美国，汽车是一种尤其能引起人们兴趣的地位标志。美国的一项调查发现，拥有名车的人更能受到人们的尊重。而实验也证明，绿灯亮起来的时候，人们往往会根据停在前面的车是名车还是普通车型来确定是否以按喇叭的方式进行催促。如果是名车，排在后面的人往往愿意等得久一些，而如果是普通车，他们就会很快不耐烦了。坐在名车里面的人就一定是有地位的人吗？当然未必，但是他的车是名车，所以在别人的眼里，他这个人的地位自然就被提升了。

另外一个例子就是牙膏广告。当追问看过广告的受众，广告中有哪些人物的时候，普遍都提到了医生。不错，医生的身份就是用来影响受众的，广告利用的就是人们对医生的专业性和权威性的认同。但是问题在于，广告中并没有明确告诉你穿白大褂的就是医生，这是营销中对权威效应的绝妙应用，是基于对人们心理的深刻把握。

在企业中，领导也可利用"权威效应"去引导和改变下属的工作态度以及行为，这往往比命令的效果更好。因此，一个优秀的领导肯定是企业的权威，或者为企业培养了一个权威，然后利用权威暗示效应进行领导。当然，要树立权威就必须要先对权威有一个全面深层的理解，这样才能正确地树立权威，才能让权威保持得更加长久。

在生活中我们可以引入权威效应，引导对方的态度和行为。如果有人跟你的看法有冲突，你可以找到一个权威人物曾经说过的话或做过的事作为论据。相信，这个人就会认同你的。

旁敲侧击，批评更容易被接受

说服与批评之间，单从字面定义来看：批评，是对缺点错误提出意见；说服是用充分的理由劝导，使人心服。批评，是把自己的观点强加于人，其中含有勉强的意思。而说服，则是让对方自觉自愿地从心里认同。同样的事情，说服的方式更易为别人所接受。

在生活中，要想改变别人错误的想法，首先要避开正面的批评，这是必须要记住的。正面的批评会伤害对方的自尊心，严重时甚至会遭到对方强烈的抗拒。如果换种方式，通过旁敲侧击的方法去暗示对方，让对方从对问题的层层剥离中明白你的用心良苦，他不但接受，而且还可能会心存感激。

洛克菲勒是美国石油大王，他曾经有一位同事名叫贝特福特，既是洛克菲勒的合作者，也是他的下级。

有一次，贝特福特独自负责一桩南美的生意。但非常不幸，这次他失败了，而且输得特别惨，贝特福特自认为实在是没脸再见洛克菲勒。他想，下一次开董事会时，洛克菲勒一定会毫不客气地批评他。他的心里一连好几天都很紧张。

这天，公司的董事会如期召开了。贝特福特硬着头皮来到会议室，他等着洛克菲勒的批评，而在这之前已经做好了充分的思想准备。

洛克菲勒开始讲话了，说："贝特福特先生……"听见洛克菲勒叫自己，贝特福特心里一阵发紧，他想最担心的事情还是发生了。

"首先，我可以肯定你在南美确实做了一件不成功的事情。但是……"洛克菲勒的语气是那么的亲切、缓和。"大家知道你已经尽力了,虽然这次失败了,但是我相信在这件事情上没有人会比你做得更好。而且我们也正做着让你重整旗鼓的计划……"

听了这一番话,贝特福特倍感温暖,先前的抑郁一扫而光,又重新找到了自信。尤其是在董事会上洛克菲勒没有让他难堪,因此,他对洛克菲勒非常感激。

洛克菲勒保全了贝特福特的面子,赢得了对方对他的感激和忠诚。事实证明,批评不如说服。如果洛克菲勒如贝特福特所想的那样毫不留情地当众批评他一顿,虽然贝福特做好了接受批评的准备,但在之后的日子里,他可能就没有勇气再面对新的挑战。洛克菲勒可能因此失去一个得力的帮手。由此可见,说服力是每个人制胜的最重要的能力。

想要说服别人,就要拉近与对方心灵之间的距离,走进对方的内心。而打开对方的心扉最有效的方式就是信任与理解。先让对方感受你的诚意,然后再委婉地指出他的不足之处,这样他就容易接受,并且还可能对你产生好感。

虽然说服与批评之间有相似之处,都是对他人施加思想影响,改变他人看法和观点。但因批评的态度较为严肃,语气相对强硬;而说服则较为委婉,语气较为温和。如果在解决矛盾纠纷、统一看法时,说服多于批评,协商多于命令,其结果就是人际关系和谐,皆大欢喜。

虽然古人曾说:闻过则喜。但是现实生活中有几人可以做到呢?趋利避害是人的本性,但也要在分析利害时能够掌握适当的技巧和方法,只要对方真正理解了其中的好意,他当然会从善如流。所以,在遇到矛盾分歧时,虽然说服与批评皆不可少,但最好还是采取说服的方式。因为,说服的效果远远大于批评。

言谈中给对方信心，轻松化解双方矛盾

在劝架时，不对争执双方做人格上的评价，而强调双方在性格、能力等方面的差异性，在客观上起到褒贬的效果，从而化解争执。人们在吵架的时候，经常为了谁对谁错、谁好谁坏而争执不休，此时直接的褒贬至少会引起一方的不满，甚至伤害其自尊心。因此，劝架者在对一方进行劝解时应该避重就轻，不对双方道德上的孰优孰劣做出判断，而是强调二者在个性、能力上的差异，适当地"褒一方，贬一方"，可使被褒的一方心里得到满足并放弃争执，而又不伤害被贬的一方，使劝解成功。

小陈和小杨是某学校新来的年轻教师。小陈心细，考虑事情周到；小杨性情有些鲁莽，但业务能力较强。一次，两个年轻人发生了争执，小陈说不过小杨，感觉很委屈，跑到校长处诉苦。校长拍拍小陈的肩膀说："小陈啊，你脾气好，办事周到，这个大家都清楚，也都很欣赏；可是小杨天生是个躁性子，牛脾气一上来什么都忘了，等脾气过去了就天下太平。你是一个细心人，懂得从团结同事、搞好工作的角度看待问题，你怎么能跟他那暴性子一般见识呢？"一番话说得小陈脸红了起来。

这是一个强调双方差异来解决纠纷的典型例子。校长没有直接批评小杨，而是反复强调小陈脾气好、小杨性格暴躁，这实际上是通过比较两人截然不同的性格来肯定小陈待人办事的方法是正确的，小陈领悟到校长的意思，自然也不会再跟小杨计较。

此外，在褒一方、贬一方时，作为调解纠纷的第三人应记住以下几点，以免褒贬不当而引起当事人的反感，让事情变得更糟。

1. 忌激化矛盾

很多调解纠纷的第三者在"褒一方，贬一方"时，由于方法不当而加剧矛盾，这主要是因为：第一是强化了当事人本来就不该有的消极情绪，从而火上浇油，扩大了事态；第二是"惹火烧身"。因方法不当，激怒了当事人，使当事人把全部的不满和怨恨情绪都转移到了第三者身上，第三者成了他的对立面和"出气筒"。

2. 忌急于求成

人们常说，善弈棋者，每每举一而反三。做别人的思想工作好比下棋，也要珍视这"三步棋"的做法，要耐心细致，再三斟酌。如果条件不具备就急于求成，不瞻前顾后，总想一劳永逸，其结果往往是事倍功半，成效甚微，甚至把矛盾激化。

3. 忌高高在上

要克服高高在上的心理，最主要的是应该增强普通人的意识，以普通人的姿态出现在人们面前，彻底改变那种高高在上、唯我独尊、主观武断的作风和指手画脚、发号施令的作风。

还必须注意坚持实事求是的态度，慎用套话，加强对语言表达能力的培养。

4. 忌空洞说教

要避免空洞说教，尤其要从道理上使人信服，思想观点要明确，语言要朴实新颖。三个方面都要下功夫。

5. 忌反常批评

必须努力克服以下几种不正确的批评方式：

批而不评式，阿谀奉承式，隔靴搔痒式，褒贬对半式。

以上几种不正确的批评方式，均属于调解纠纷的"败笔"。要想使调解达到转变对方态度、修正对方错误的目的，就应该正确运用批评的武器，切忌简单化和庸俗化。

6. 忌不分场合

如果不分场合，信口开河，不管人前人后，指名道姓地对人进行说服，效果往往不佳，搞不好还会出现与当事人的良好动机截然相反的结果。

央求不如婉求，劝导不如引导

在现实生活中，每个人都会有有求于人的时候。怎样才能顺利求得对方替你办事，而不至于被对方拒绝呢？很多时候，央求往往没有婉求的效果好，劝导没有引导的方式更容易使人接受。

在我们办事的过程中，总会遇到一些不肯合作的人。如果使用强硬的手段，不但解决不了问题，还很有可能把关系搞僵。对于这种情况，最好的方法就是有次序地、耐心地引导对方思考，将对方引入你设定的情景，把对方夸赞到一定的高度，然后提出你的要求，这样会使你达到目的。有这样一个故事：

一天，有位老太太要买李子。老太太来到一家水果店，问店主："你店里有李子卖吗？"店主马上迎上前说："老太太，买李子啊？我这里的李子有酸的也有甜的，您想买哪一种？""酸的。"店主一边称酸李子，一边搭讪道："一般人都喜欢甜的李子，可您为什么要买酸的呢？"老太太回答说："儿媳妇怀上小孙子啦，特别喜欢吃酸的。""恭喜您老人家了！您儿媳妇有这样的好婆婆真是福气。不过孕期的营养很关键，经常补充些猕猴桃等维生素丰富的水果，对宝宝会更好！"

这样，老太太不仅买了李子，还买了一斤进口的猕猴桃，而且以后经常来这家店里买各种水果了。

从这则小故事中不难看出，这位店主不仅满足了老太太的一般需求，而且还引导老太太发现自己的新需求，使老太太产生了持久购买的兴趣，从而达到自己销售水果的目的。

由此可见，当你有求于人的时候，与其央求他，还不如用赞美的话去委婉地引导他。从对方的利益考虑，适时地提出与之相关的请求时，他会比较感兴趣，拒绝你的可能性较小，你的要求达成的概率也比较高。

求人不会事事如愿，有些事在自己未争取之前就已经明确了对方不肯允诺的态度，此时就应采取婉求和引导的办法。

婉求与引导都是以柔克刚的说话办事的艺术，婉求和引导别人的最大特点就是含而不露或露而不显。许多事直来直去很难达到目的，不如先引起别人的兴趣，绕个弯儿去办或许效果会更好些。

有一个寓言故事：

有位车夫拉车上桥，坡很陡，走到半路实在拉不动了。他急中生智，用力顶着车把，放声歌唱起来。听到他这么一唱，前面的人都停下来观察他，后面的人想看看究竟发生什么事了，几步走过去追上他。

而车夫则趁着这个好时机请求大家帮着推车，于是大家一齐用力，车就这样被推上了桥。

这位车夫原本是求人帮忙，如果直接央求大家推车，大家可能会因各自忙于赶路，很难达成这个愿望。而用唱歌绕开推车的事情，当大家都停下来，围在自己周围，那他真实的目的也就达到了。这种求人的方式不露声色，浑然无迹。

由上面的例子不难看出，央求不如婉求，劝导不如引导。而婉求和引导的关键就在于学会运用一些婉转的方式，说一些婉转的话。要"引"得巧妙，"导"得自然，可以从以下几点做起：

1. 明确目的，有的放矢

所有的引导内容都应紧密地为目的服务。要做好这一点，就应该从了解对方的心理着手。在弄清对方的真实想法后，顺着对方的心思，围绕自己的目的，委婉地提出自己的请求。

2. 循序渐进，层层深入

引导不能急于求成，而应采用由小到大、层层深入的方法。先从容易完成的事入手，这样就可以一步一步地消减对方的防范心理，促使对方的态度一点一点地发生改变，就这样由小到大地逼近预定目标，最终就会很愉快地达成你最初的愿望。

3. 深思熟虑，随机应变

在和他人正式谈话前，要认真构思，事先把各方面的关节想清楚，对方可能会怎样应对应有所预料。谈话中要针对实际情况，随机应变。

最终使对方认同自己的观点，从而营造一个合适的氛围，使对方最大可能地满足你的需求。

总之，要想达到求人的目的，就要学会运用一些婉转的方式，说一些婉转的话，它会使你事半功倍，同时也很好地体现出你的语言能力。用婉求、引导的技巧说服人，这往往是一种与人合作的聪明的策略。

铺垫语境，"升职""加薪"也不难

向领导提出请求，切忌直来直去，那样多半会碰钉子。最好的方法，就是在合适的时间、合适的地点，以婉转、礼貌的语言把自己的意思表达出来。

在职场中，难免有向领导提出请求的时候，比如"加薪""调职"，是职场里最常遇到的问题。如何巧妙地让领导答应自己的请求，是每个职场人士都应掌握的。

无论一个人的先天条件如何优秀，主观态度如何努力，单凭个人力量也解决不了所有的问题。如果遇到以上所说的情况时，除了领导自己有这个意愿之外，大部分时候还需要自己勇敢地提出，并想办法让领导明白自己这一要求并不是无稽之谈，从而让领导发自心底地答应自己的请求。想要做一个事业有成的人，就要在成功的道路上掌握这种向领导提出要求的技巧。

如何向领导提出请求是一门艺术，如何掌握这门艺术，让自己的请求不被拒绝，成功地获得领导的首肯，是每个职场人员都希望知道的。具体如何做才能巧妙地让领导接受自己的请求，一起来总结一下：

1. 要换位思考

在向领导提出请求之前，先换位思考一下，如果自己处在领导的位置，自己提出请求的理由是否能够顺利说服自己。从领导的角度来考虑，什么样的说话方式才更容易接受。如果自己的理由不足以说服自己，就要思考周全后再向领导提出。否则，不但达不到自己的目的，还会破坏领导对自己的好感。

2. 提出的请求一定是与自己工作相关的事情

在职场中向领导提出请求，一定要注意不能借自己之口表达第三人的意思，这不但不会达到预期的效果，还会引起领导的反感，甚至会误会你在借此拉拢同事关系，对你处处防范。因此，向领导提出请求的内容一定要围绕自身工作，领导才会根据你的实际情况酌情考虑。

3. 向领导提请求要选择恰当的时机和表达方式

和其他场合说话一样，向领导提出请求也要把握一定的时机。在领导心情较为愉悦或工作稍微空闲的时候提出，往往比贸然提出请求成功的概率要大。另外，要特别注意表达方式。语气要委婉、含蓄，不能直来直去、单刀直入；也不可要求领导马上点头，给领导留有一定的思考余地，也给自己留点余地。成则成，不成再寻机会。

制造一点悬念，让对方改变自己的观点

对于自以为是的人，要说服他，最忌正面交锋、针锋相对，这样不但不能达到预期的目的，反而会激怒被说服者，使其更加坚守自己的观点。要说服这种人，应该先巧妙地制造悬念，通过卖关子来吊对方的胃口，使对方的情绪松弛下来，把他的好奇心诱发出来。在解释悬念的过程中，可用简单的事理或推论证明对方的错误性，从而让其改变观点。

一家建筑公司的王工程师，有一次说服了一个固执的工头。这个工头常常坚持反对一切改进的计划。王工想换装一个新式的指数表，但他想到那个工头必定要反对的。王工去找他，腋下挟着一个新式的指数表，手里拿着一些要征求他的意见的文件。当大家讨论关于这些文件的事情的时候，王工把那指数表从左腋下移动了好几次，工头终于先开口了："你拿着什么东西？"王工漠然地说："这个吗？这不过是一个指数表。"工头说:"让我看一看。"王工说:"你不用看的!"并假装要走的样子,说:"这是给别的部门用的,你们部门用不到这东西。"但是,工头又说:"我很想看一看。"当他审视的时候,王工就随便但又非常详尽地把这东西的效用讲给他听。他终于喊起来说:"我们部门用不到这东西吗? 糟糕,它正是我想要的东西呢! "王工故意这样做,很巧妙地把工头说动了。

制造悬念时,你还可以让自己的言行,有多种可能的含义。然后,引导对方的注意力在一种含义上固定下来,使对方产生错觉。最后突然向另一种含义上转去,情境的对转,使对方突然产生期待的失落,从而产生强烈的戏剧性效果。

第五章

高效沟通，
第一句话打开陌生的闸门

第一句话很重要，设法吸引别人的注意

顾名思义，开场白开得不好就等于白开场。人与人见面讲究第一印象，俗话说："好的开始是成功的一半。"这足以说明开场白的重要性。

苏联文学家高尔基说："最难的是开场白，就是第一句话，如同在音乐上一样，全曲的音调，都是它给予的。平常却又得花好长时间去寻找。"高尔基的话形象地点出了第一句话的至关重要性。它如同音乐的定调，引导着全曲的基本面貌和基本风格。而另一方面，吸引人的第一句话不是那么好说的，它需要靠个人钻研和琢磨。

我们和陌生人的第一句话是非常重要的，所有的交际能手并非一味地只顾表现自己，而是善于也乐于同陌生人交流。他们通常会有良好的开场白，通过主动、热情、到位的言语，努力探寻对方感兴趣的或者正在关注的话题，赢得对方好感，逐渐拉近双方距离，进而得到深入交流的机会。交谈中的第一句话对于接下来的交流会起到推波助澜的作用。

第一句话说好了，就与对方的距离拉近了，才能顺利地与对方建立信任，引起对方的兴趣。不要小看这短短的开场白，它将决定此后你所说的每一句话的结果。听者将根据你给他留下的第一印象来决定是否耐心并真诚地聆听你后面所说的话。因此，只有开场白新颖、奇趣，才能吸引对方的注意力，从而为接下来要说的话铺路搭桥。

铺路搭桥，也就是要在开头就地取材、临场发挥。方法有很多，你可以讲当场的情景、当日的天气，或者谈谈自己的感受，或接过上一位说话人的话茬儿。

不管你如何开头，总的要旨不变，那就是抓住听众、打开局面。切不可故弄玄虚，或者东拉西扯、不着边际。当然，开头还必须切合话题、简明扼要。

有了一个引人入胜的开场白，能够迅速引起听众对你的兴趣和好感。第一炮打响之后，要把握住有利时机，及时切入正题，乘胜前进。

那么，怎么才能说好第一句话呢？

1. 问句开场白

一些有经验的演讲者都会选择在演讲开始的时候先提出一个问题，使听众按照他的思路去思考问题，同时使对方有一种想知道答案的欲望，听众的精力自然就被集中了。

我们不妨看一个培训师给学员上课时的开场白：

"亲爱的学员们，你们好！在正式开课前，我想先和大家分享一个故事。有三个人都去找一位老师拜师学武。这三个人千辛万苦才找到老师，老师向他们提出了一个问题，问他们学武的目的是什么，动机是什么。第一个徒弟说：'我来学习武功，是要强身健体。'第二个徒弟说：'我来学习武功，主要是因为我太胖了，要减肥。'第三个徒弟说：'我来学习武功，是因为村庄附近有强盗和土匪，我需要保护家庭的安全。'各位朋友，你觉得哪一个人会学得比较好呢？同样，你们来参加这个培训，自己又是抱着什么样的目的呢？"

我们进行开场白的时候也可以效仿那些演讲者，以问句作为开始。这样就可以立刻抓住对方的注意力。但有一点要注意的是，我们提出的问题要恰到好处、不宜过多，达到抛砖引玉的目的即可，否则只会适得其反。

演讲一开始就提出问题，这个问题一定要让人有足够的兴趣，或者有足够的悬念，让听众愿意顺着所提的问题去思考，甚至有一种急切地想知道答案的想法，急切地等你讲下去。值得注意的是，提出的问题要新颖，不要过于简单，要让听众能从你的问题中有所获益。

2. 以小故事作为开场白

为开场白准备的小故事，可以是寓言，也可以是引人发笑的小笑话，也可以是新闻上的小故事，但一定要吸引对方且与自己的话题相关。

在一个如何将小孩子培养为社会精英的演讲中，演讲者是这样开场的：

"今天非常高兴和大家谈谈青少年精英教育的问题。前几天我看到一个报道，有一个小学生，每天都要带父母剥了蛋壳的鸡蛋到学校去吃。

有一次，父母忘记给鸡蛋剥壳，这个孩子对着鸡蛋，却不知道如何下口。结果，这个孩子将鸡蛋带回家了。母亲问孩子为什么不吃鸡蛋，孩子回答说：'没有缝，我怎么吃！'笑过之后，我不禁反思，未来是精英的社会，如何把孩子培养成精英是每个父母最关心的事。但是，如果一个孩子连自理的能力都没有，即使读再多的书、学再多的知识，又有什么用？我认为，注重培养孩子的独立生活的能力和战胜困难的勇气，这是让孩子成为精英的第一步。"

从这个小故事里，大家都听明白了演讲者所要表达的观点，而听众也能轻易得出结论，那些没有自理能力的孩子，将来不可能成为社会精英。

引人发笑的故事本身就具备引起人兴趣的魔力，如果运用得当，将是非常好的开场白。

大多数情况下，只要这个故事有具体的时间、地点、人物和故事情节，并且与你要讲的主要内容相契合，那么这个小故事就已经合格，就足可以吸引对方。

3. 赞美式的开场白

人人需要赞美，人人也都喜欢赞美。因此当你做开场白的时候，就可以用上这一招。

"你的皮肤真好""你的穿着打扮真有品位"，这些赞美方式的开场白日渐受到人们的重视。遇到杭州人，可以跟对方说："杭州是个好地方啊，'欲把西湖比西子，淡妆浓抹总相宜'啊。"

在开场白中使用赞美对方的话语，能够吸引对方的注意。但是赞美也绝非是一件容易的事，如果没有掌握赞美他人的技巧，即使赞美别人表现得很真诚，也不会赢得对方的关注和亲近。

4. 以感激作为开场白

感谢是开场白的万能工具，几乎在任何场合都能使用。

贝尔那·科第埃是"空中汽车"制造公司的著名销售专家。当他被推荐到"空中汽车"公司时，面临的第一项挑战就是向印度销售汽车。这是一件棘手的任务，因为这笔交易在印度政府初审时并未被批准，能否重新寻找到成功的机会，全靠销售员的谈判本领了。

作为特派的谈判专家，科第埃深知肩上的重任，他稍做些准备就飞赴新德里。接待他的是拉尔少将。科第埃到印度后，对他的谈判对手讲的第一句话是："正因为您，使我有机会在我生日这一天又回到了我的出生地。"

这是一句非常得体的开场白，同时这句话表达了好几层意思，感谢主人接洽的时机，让他在自己生日这个值得纪念的日子来到印度，而且富有意义的是，这里是他的出生地。这个开场白拉近了科第埃与拉尔少将的距离。

感谢式开场白的语言门槛不高，只要点名现场相关情况，同时感谢一下对方即可。而感谢式的开场白容易被人接受，感谢能够让对方心情愉悦，从而使双方的关系更加融洽。

5. 即情即景

在演讲的时候，一般都是走上台就开始你的内容。但是，如果能以眼前的事物为话题，将听众引到你的演讲主题上去，这样可以激发听众的兴趣。

为了纪念葛底斯堡战役的阵亡将士，美国建立了葛底斯堡国家烈士公墓。在落成典礼那一天，国务卿埃弗雷特出席并讲话。他站在台上，看到眼前的人群，抬头又看到远处的麦田和果园，放眼望去，又看到远处的山峰，于是说道："站在明净的天空下，从这片人们终年耕耘而今已安静憩息的辽阔田野上放眼望去，那雄伟的阿勒格尼山隐隐约约地耸立在前方，兄弟们的坟墓就在脚下，我真不敢用我这微不足道的声音打破上帝和大自然所安排的这无穷的宁静。但我必须承担你们交给我的责任，我祈求你们，祈求你们的宽容和同情……"

听众们听到这样的开场白后，一个个深深地哀思，并且忍不住热泪盈眶。

这段演讲的开头，并没有按照原先的计划，而是触景生情，并把大家引到演讲的话题中，最后取得了良好的演讲效果。值得注意的是，即情即景不是让你离题万里，而是为了更好地映衬演讲的主题。

6. 借助物品进行开场白

俗话说"口说无凭"，如果在你进行谈话时，有一件物品作为陪衬的话，那么你的这段话语就更具说服力。

有一次，卡耐基在一所学校发表演讲，他别出心裁地拿出几根头发展示给听众。接着卡耐基问听众："你们都知道头发是长在头上的，但这几根为什么掉下来了呢？"

一句话引起了听众的注意，他们开始专心致志地等待卡耐基的演讲。卡耐基接着说："这就是烦恼的作用。如此乌黑的头发长在头上是多么漂亮，可是它却无可奈何地离开了养育它的'土地'。我们为什么要烦恼呢？"

卡耐基仅仅用了几根头发，就给他的听众留下了深刻的印象。用物品作为开场白，并利用物品道具所独有的特色，吊足听众的胃口，让听众产生一种期待心理，渴望通过自己的努力找到答案，而答案又被设定在演讲者的演讲内容中，这样可以很轻松地吸引听者的注意。

用物品作为开场白的辅助工具是有一定作用的。但是要注意的是，一定要找与你的话题内容相关、有助于你表达的物品。

打破拘谨，制造"一见如故"的感觉

一见如故、相见恨晚，历来被视为人生快事。人们的交往越来越频繁，参观访问、调查考察、观光旅游、应酬赴宴、交涉洽商……善于跟素昧平生者打交道，掌握"一见如故"的诀窍，不仅是一件快乐的事，而且对工作和学习大有裨益。

交往之始，如果话说得好就能赢得陌生人的好感，进而更容易营造"一见如故"的氛围。

良好的第一印象是叩开交际大门的门票。第一句话说得好自然会拉近你们的距离。交往中的第一句话，绝不只是可有可无的寒暄，它将决定你们整个交往的感觉以及接下来互动的方向。所以，如果你想在后面的交往中如鱼得水，不妨先说好你的第一句话。

说第一句话的原则是：亲热、贴心，消除陌生感。那么，如何才能做到"一见如故"呢？

1. 攀亲

赤壁之战中，鲁肃见诸葛亮的第一句话是："我，子瑜友也。"子瑜，就是诸葛亮的哥哥诸葛瑾，他是鲁肃的挚友。短短的一句话就定下了鲁肃跟诸葛亮之间的交情。

例如："你是××大学毕业生，我曾在××进修过两年。说起来，我们还是校友呢！"

"您来自苏州，我出生在无锡，两地近在咫尺，今天得遇同乡，令人欣慰！"

当与对方攀亲带故时，往往能给对方以亲近的心理暗示。听众往往会将讲话的人当作是自己的一个朋友来看待。

其实，任何两个人，只要彼此留意，就不难发现双方有着这样或那样的"亲""友"关系。

2. 问候

"您好"是向对方问候致意的常用语。如能因对象、时间的不同而使用不同的问候语，效果则更好。对德高望重的长者，宜说"您老人家好"，以示敬意；对年龄跟自己相仿者，称"老×(姓)，您好"，显得亲切；对方是医生、教师，说"李医生，您好""王老师，您好"，有尊重意味。节日期间，说"节日好""新年好"，给人以祝贺之感。早晨说"您早""早上好"则比"您好"更得体。

说好了第一句话，仅仅是良好的开端。要想谈得有味、谈得投机，你还得在谈话的过程中寻找新的共同感兴趣的话题，这样才能吸引对方，使谈话顺利地进行下去。

对初次见面者表示敬重、仰慕，这是热情有礼的表现。用这种方式必须注意：要掌握分寸、恰到好处，不能胡乱吹捧，不要说"久闻大名，如雷贯耳"之类的话。表示敬慕的内容也应该因时因地而异。

例如："您的大作《×××××》我读过多遍，受益匪浅。想不到今天竟能在这里一睹作者风采！""桂林山水甲天下。我很高兴能在这里见到您这位著名的山水画家！"

3. 套近乎

套近乎的开场白经常在陌生人之间得到运用。

电影《阿甘正传》中，阿甘在公交车站等车，旁边刚好有一位女士，于是阿甘不紧不慢地开始了他的开场白："你好，我叫弗雷斯，弗雷斯·甘。要吃巧克力吗？我能吃掉上百万块巧克力，我妈妈常说，人生就像一盒巧克力，你永远不知道下一块将会是哪一种。那双鞋子一定很舒适……"

阿甘是一个善于利用套近乎作为开场白的高手。他首先和对方打招呼并进行简短的自我介绍"我叫弗雷斯，弗雷斯·甘"，然后不等对方回答，又问对方"要吃巧克力吗？"像是在问一个老朋友。不过，对这样亲切的问候，旁边等公交的女士并没有搭理。阿甘转而说到自己的妈妈，"我妈妈常说，人生就像一盒巧克力"，妈妈是一个够亲切的词汇，较容易引起别人的共鸣。但是这还不足以形成与对方的互动，阿甘转而观察女士的情况，问女士"那双鞋子一定很舒适"，这次终于换来了这位女士的善意回应："实际上我的脚很痛。"

阿甘的这个绝妙的套近乎的开场白，让这位女士静心听阿甘讲他的故事，也让观众对他的故事产生了兴趣。

初次见面，怎样寻找谈话内容

初次交往的成败与否，关键要看如何冲破两个人之间的隔膜。如果你用第一句话吸引对方，或是讲对方比较了解的事，那么，第一次谈话就不仅仅是形式上的客套了。如果运用得巧妙，双方会因此打成一片，变得容易相处了。

比如，在一个严冬的夜晚，参加某活动时与一位陌生人见面，"今晚好冷"这句话自然会成为你们之间所使用的开场白。单纯地使用它，虽然也能彼此引出一些话题，但这些话也可能对彼此无关紧要，这样，再深一步地交谈也就困难了。但是，如果你这样说："哦，今晚好冷！像我这种在南方长大的人，尽管在这里住了几年，但对这种天气还是难以适应。"如果对方也是在南方长大的，就会引起共鸣，接着你的话头说出一些有关的事。如果对方是在北方长大的，他也会因为你在谈话中提到了自己的故乡在南方，而对你的一些情况产生兴趣，有了想进一步了解你的欲望，这样就可以把交谈引向深入。而且把自我介绍与谈话有机地结合，也不致令人觉得牵强、不自在。人们在不知不觉之中，就放弃了戒备的心理，从而产生了"亲切感"。

有的人采用一种很自然的、叙述型的谈话开头，也能给人一种亲切感，同时还能让人想继续向他询问一些细节。

1. 把礼字摆在第一位

交往中的第一句话，绝不只是可有可无的寒暄。

小齐是上海一家文化传媒公司的经理秘书，负责接待从北京过来担任公司短期培训顾问的袁教授。在机场初次见面简单问好之后，小齐说道："袁教授您肯定不常来上海，这几天我带您到几个著名的景点去逛逛，让您看看上海的新面貌……"袁教授表情冷淡地回应："不必了，我本身就是上海人，当初我在上海的时候你还没出生呢。"

袁教授的反应出乎小齐的意料，却又在情理之中。

小齐本是好意，想要在初次见面时拉近双方的距离，营造出轻松、活跃的氛围，但她的第一句话拿捏得并不恰当，她的表达没有让袁教授感觉到亲近。

如果小齐换一种方式和袁教授说话，袁教授的反应还会跟之前一样吗？她可以这样问："袁教授，您去过不少地方，见多识广，哪个城市给您留下的印象最深刻呢？不知道您对上海的评价怎样？您一路辛苦了，这几天的活动就交给我来安排吧……"显然，如果小齐能在与袁教授初次见面时，运用更妥当的表达方式，接下来的接待过程将会顺利得多。

第一次见面时，双方还只是素不相识的陌生人，因此，整个互动实际上是一个敏感而充满疑虑、试探的过程，第一句话也就显得尤为重要。这是打消对方的疑虑，增进双方信任感和安全感的关键点。

2.尽力了解陌生者的信息

富兰克林·罗斯福刚从非洲回到美国，准备参加1912年的参议员竞选。因为他是西奥多·罗斯福的堂弟，又是一位有名的律师，自然知名度很高。在一次宴会上，大家都认识他，但罗斯福并不认识其他的来宾。同时，他看得出虽然这些人都认识他，表情却显得很冷漠，似乎看不出对他有好感的样子。

罗斯福想出了一个接近这些自己不认识的人并能同他们搭话的主意。

他对坐在自己旁边的陆思瓦特博士悄声说道："陆思瓦特博士，请你把坐在我对面的那些客人的大致情况告诉我，好吗？"陆思瓦特博士便把每个人的大致情况告诉了罗斯福。

了解大致情况后，罗斯福借口向那些不认识的客人提出一些简单的问题，经过交谈，罗斯福了解到了他们的性格特点、爱好，知道他们曾从事过什么职业、最得意的是什么。掌握这些后，罗斯福就有了同他们交谈的话题，并引起了他们的兴趣。在不知不觉中，罗斯福便成了他们的新朋友。

1933年，罗斯福当上了美国总统，他依然能迅速地与陌生人打成一片。著名的美国新闻记者麦克逊曾经对罗斯福总统的这种说话术评价道："在每一个人进来谒见罗斯福之前，关于这个人的一切情况，他早已了若指掌了。大多数人都喜欢顺耳之言，对他们做适当的颂扬，就无异于让他们觉得你对他们的一切事情都是知道的，并且都记在心里。"

与陌生人的交往，说好第一句话最重要的一点当然是选择合乎时宜的内容，而这是一个动态的过程，需要结合对方的身份、年龄、偏好，以及当时所处的情境等方面综合考虑。有一些原则是通用的：首先，你要带着真诚和热情开始你们的交流，你是否真心要建立起交流关系，在你开口说话之前就能通过你的眼神为对方所感知；其次，是要以尊重和包容为前提，无论对方和你处于怎样的情境和关系，尊重是你开口说话时应该带有的最基本的感情基调。最后，要带着兴趣去观察对方的特点、偏好，这有助于你有针对性地选择谈话内容。

3. 设法吸引陌生者的注意

有一天，影星茱莉·安德鲁丝去聆听鼎鼎大名的指挥家托斯卡尼尼的音乐会，在音乐会结束之后，她和一些政要名流一起来到后台，向大指挥家恭贺演出的成功。

大家都夸奖指挥家："指挥得实在是棒极了！""抓住了名曲的神韵！""超水准的演出！"

大指挥家一一答谢，由于疲累，而且这种话实在是听得太多了，所以脸上显出有些敷衍的表情。忽然，他听到一个高雅温柔的声音对他说："你真帅！"

抬头一看，是茱莉·安德鲁丝。

大指挥家眼睛亮了起来，精神抖擞地向这位美丽的女士道谢。

事后，托斯卡尼尼高兴地到处对人说："她没说我指挥得好，她说我很帅哩！"恐怕大指挥家还是头一回听到有人赞美他帅呢！

就这样，大指挥家把茱莉当成了挚友，时时去为她捧场。虽然只是一次见面，大指挥家就时常抱怨与她"相见太晚"。

你可以考虑通过以下3种方式，找出你们的第一个话题：

（1）从对方的地域找话题。一个人的口音就是一张有声的名片。我们可以从口音本身及其提供的地域引起很多话题。例如，从乡音说到地域，从地域说到他家乡的风土人情、名胜古迹等。

（2）从有关的物件中找话题。例如，客户办公室放有杂志，可以从杂志找话题。还有一些物品是可以作为谈话的内容，用试探的口气来问的。比如，从询问对方拥有的某一产品的产地、价格等，以此为话题和对方搭讪，找到说话的机会。

（3）从对方的衣着穿戴上找话题。一个人的衣着、举止在一定的程度上可以反映出人的身份、地位和气质，同样可以作为你判断并选择话题的依据。比如，你所见的人开了一辆宝马，手上戴了一块劳力士，你就可以主动问："如果我没有猜错的话，您一定是位商界中的佼佼者！"对方会有几分吃惊地说："你真是好眼力！"紧接着，很多与企业生产、经营有关的话题就可以谈了。即使你猜错了也不要紧，因为你把他看成企业家本身是高看他，对方心里也会高兴，并会礼貌地说出自己的真正身份。

自报家门，让他人加深对你的印象

想要赢得他人的信任，首先需要让对方对你有所了解，那么，向陌生人自报家门就显得非常重要。尤其在初次见面时，如果能让人对你留下深刻的印象，那将是非常重要的。为了做好自我推销，你首先要做好自我介绍。

当你和大家见面，目光相对，互露微笑之后，接下去就是"我叫……"的自我介绍，这种介绍的要点就是要讲清楚自己的名字和身份。如果对方因没有搞清你的名字而叫错你，彼此一定会觉得很尴尬，很容易造成不愉快的场面。因此，自我介绍时，除了要讲清楚自己的名字和身份外，最好附带一句能给别人留下深刻印象的解释，比如说："我姓张，弓长张。"这样不但不会使对方发生误解，还可以加深对方的印象。

非常重要的一点是必须记牢对方的名字，最好的办法就是找机会说出对方的名字，帮助记忆，在讲话中时常提到对方的名字，这样对方会觉得你很重视他而感到愉快，从而促进感情交流。

1. 要说说姓名的来历

在向陌生人做自我介绍时，首先要做的就是自报姓名，但许多人在这方面却做得不太好，在介绍时只是简单地报出自己的姓名："我姓×，叫××。"自以为介绍已经完成，然而，这样的介绍肯定算不上有技巧，也许过了三五分钟，别人已经把他的姓名忘得一干二净，这样也就无法给别人留下深刻的第一印象。

在新生见面会上，代玉做自我介绍时说："大家都很熟悉《红楼梦》里多愁善感的林黛玉吧，那么就请记住我，我叫代玉。"

再如王琳霞："我叫王琳霞，和世界冠军王军霞只差一个字，所以，每次王军霞获得世界冠军时，我也十分激动。"

一个人的姓名，往往拥有丰富的文化积淀，或折射凝重的史实，或反映时代的乐章，或寄寓双亲对子女的殷切厚望。因此，推衍姓名能令人对你印象深刻，有时也会令人动情。

（1）利用名人式。利用和名人的名字相近的方式来介绍自己的名字，关键是所选的名人是大家都知道的，否则就收不到效果。

（2）自嘲式。如刘美丽介绍自己时说："不知道父母为何给我取美丽这个名字。我没有标准的身高，也没有苗条的身材，更没有漂亮的脸蛋，这大概是父母希望我虽然外表不美丽，但不要放弃对一切美丽事物的追求吧。"

（3）自夸式。如李小华介绍自己时说："我叫李小华，木子李，大小的小，中华的华。都是几个没有任何偏旁的最简单的字，就如我本人，简简单单、快快乐乐。但简单不等于没有追求，相反，我是一个有理想并执着的人，在追求理想的路上我快乐地生活着。"

（4）联想式。如一个同学叫萧信飞，他便这样做自我介绍："我姓萧，叫萧信飞。萧何的萧，韩信的信，岳飞的飞。"绝大多数人对"萧何月下追韩信"的典故和抗金英雄岳飞都很熟悉，这样，大家对他的名字当然印象深刻了。

（5）姓名来源式。如陈子健："我还未出生，名字就在我父亲的心目中了。因为他很喜欢这样一句古语'天行健，君子以自强不息'，于是毫不犹豫地给我取了这个名字，同时希望我像君子一样自强不息。"

（6）望文生义式。如秦国生："我是秦始皇吞并六国时出生的，我叫秦国生。"

与其他方法相比，望文生义法有更大的发挥余地，例如下面的几例：

夏琼——夏天的海南，风光无限。

杨帆——一帆风顺，扬帆远航。

皓波——银色的月光照在水波上。

秀惠——秀外"惠"中，并非虚有其表。

（7）理想式。如向红梅："我向往像红梅一样不畏严寒、坚强刚毅，在各种环境中都要努力上进，尤其是在艰苦的环境里，更要绽放出生命的美丽。"

（8）释词式。即从姓名本身进行解释。如朱红："朱是红色的意思，红也是红色的意思，合起来还是红色。红色总给人热情、上进、富有生命力的感觉，这就是我的颜色！"

（9）利用谐音式。如朱伟慧："我的名字读起来像'居委会'，正因为如此，大家尽可以把我当成居委会，有困难的时候来反映反映，本居委会力争为大家解决。"

（10）调换词序式。如周非："把'非洲'倒过来读就是我的名字——周非。"

2. 重点说说自己的优点

通报了姓名之后，就可以向别人介绍你的优点了。当然在自我推销时，你必须抓住时机。在中国历史上关于推销自己的故事很多，毛遂自荐便是最著名的一个例子。

当时，赵国被秦国打得节节败退，公子平原君计划向楚国求救，打算从门下食客当中挑出20名德才兼备的人物与他随行，结果精选出19位，还差一位无法选出，平原君伤透了脑筋，这时有个叫毛遂的人自我推荐，要求加入。

平原君大为惊讶，就对毛遂说："凡人在世，如同锥子在袋子里面，若是锐利的话，尖端很快就会戳穿袋子，露在外面，而人自会出人头地。可是，你在我门下三年，一向默默无闻，怎么没有崭露锋芒？"

毛遂回答说："我之所以默默无闻，就是因为我一向没有机会，如果把我放在袋子里面，不仅尖端，甚至连柄都会露在外面。"

平原君听完后，就决定让他加入行列，凑足了 20 人，前往楚国求救。到了楚国后，毛遂大露锋芒，协助平原君成功地完成了任务。其余 19 人都望尘莫及，自愧不如。

自我介绍是有很大发挥空间的，我们应该想方设法把它丰富起来，不要放过任何一个吸引人注意的机会。

无论与什么人打交道，请记住，只有你真正向别人推销出你的才能时，别人才会信任你，你们的交往才会顺利进行。

开场秘诀：准确叫出别人的名字

当你一开口就能叫出别人的名字时，便表现出了对他人的尊重，这有利于进一步交流沟通。

在这个复杂的世界上，没有什么比关心别人更让人感动的事情了。而关心别人的前提，就是要先了解别人。这是交往的需要，也是进一步交往的前提。

拿破仑便是一个很好的例子。他能叫出手下全部军官的名字。他喜欢在军营中走动，遇见某个军官时，就叫出他的名字并跟他打招呼。他经常询问士兵的家乡和家庭情况，这让每个军官都对他忠心耿耿。

把一个人的姓名记全并且很自然地叫出来，这是一种最简单、最直接、最能获得好感的方法。因为一个人的名字伴随他一生，也是一个人区别于他人的重要标志。叫响一个人的名字，这对于他来说，是所有语言中最动人的声音，也是能给他留下深刻印象最简单的方法。

1. 要准确喊出对方的名字

很多人有这样的经历，在你同朋友聊天时，当然，你完全没注意到旁边那群人在说什么，如果那些人谈及了你的名字，顿时，你的注意力就会完全被吸引过去。这就是名字的魅力。那么，记住对方名字并喊出来，也是行走社会的法则之一。

一位著名的推销员拜访了一个名字非常难念的客户。他叫尼古得·玛斯帕·帕都拉斯。别人都只叫他"尼克"。这位推销员在拜访他之前，特别用心念了几遍他的名字。当这位推销员用全名称呼他"早安，尼古得·玛斯帕·帕都拉斯先生"时，他呆住了。过了几分钟，他都没有答话。最后，眼泪滚下他的双颊，他说："先生，我在这个国家十五年了，从没有一个人会试着用我真正的名字来称呼我。"

现实生活中我们可能不会遇到像那位顾客一样冗长难记的名字，通常也就是两三或三四个字。名字虽然是几个简单的字词，但它却是通向对方心灵深处的捷径之一。在一个陌生的见面会上，如果你轻松而亲切地叫出了对方的名字，对方一定会感到惊讶和感动——在对方的眼里，他还不认识你，也许他已经记不起你们在什么地方见过面了，但是你居然叫出了他的名字，这无疑告诉对方：你的名字对我很重要，就像你的名字对你自己一样重要。这样一来，你和对方的距离很快就拉近了。

如果你不擅长和人交往，那么就请牢牢记住对方的名字，在见面的时候说起这个名字。虽然你没有为这个人做什么特别的事情，但他依然会因此而对你产生好感。

2. 记住名字体现尊重

记住一个人的名字，是尊重一个人的开始，也是塑造个人魅力的重要一步。

美国一家电器公司的董事长请公司的代理商和经销商吃饭，他私下让秘书按座位把每位来宾的名字依次记下。这样董事长在饭桌上与每位老板交谈时都能随口叫出他们的名字，这使得每个人都惊讶不已，生意也顺利地谈成了。

小陈是 A 公司新来的人事部主管。新官上任，心里不免有些紧张和顾虑。上班第一天的早上，每个人都进行了简短的自我介绍。下班后小陈请大家一起去吃饭，席间，小陈凭着早上的介绍，准确喊出了 10 多名同事的名字。大家心里暗自想，新来的主管真重视我们，已经记住我们的名字了。美食相伴，一顿饭吃得其乐融融。而小陈在 A 公司，发展得也极为顺利。

两个多年未见的朋友在街头邂逅，一方如果能够说出对方的名字，必能使对方兴奋不已；即使只有一面之交的人，再次偶然相遇时能清楚地记得对方的名字，必能使其对你好感倍增。若是把人家的名字忘掉或记错了，你可能就会处于一种非常不利的境地。

在美国总统的专业幕僚群中，有一位幕僚的工作内容就是专门替总统记住每一个人的名字，然后在总统遇见某人之前，这位幕僚就会先一步提醒总统此人是谁。而那位被总统叫出名字的人，也会因总统竟然会记得他而雀跃不已，进而更坚定自己对总统的支持。

我们应该注意一个名字里所包含的内容，并且要了解名字是完全属于与我们交往的这个人并不可取代的，名字能使他在许多人中显得独特。记住别人的名字，可以帮助你在人际交往中畅通无阻。你能喊出对方的名字，说明了他在你心目中的分量，谁都愿意让别人重视自己、记住自己，你喊出对方的名字，恰恰满足了对方的这一心愿。投桃报李，对方也会重视你的名字的，并且会心怀愧疚地想："上次是人家主动叫出了我的名字，我却忘了人家叫什么，这次一定要记清楚，下次见面不要太尴尬了！"对方就会把你的名字刻在心里了。

3. 练习记住别人的名字

刻意记住别人的名字，并且叫出他的名字，这样做可以让别人感受到你在关注他、重视他。

凯伦·柯希是一位环球航空公司的空服员，她经常练习去记住机舱里旅客的名字，并在为他们服务时称呼他们。这使得她备受赞许，有直接告诉她的，也有跟公司说的。有位旅客曾写信给航空公司说："我好久没有搭乘环球航空的飞机了，但从现在起，一定是环球航空的飞机我才搭乘。你们让我觉得你们航空公司好像是专属化了，而且这对我有很重要的意义。"

有一所著名的学校招聘教师，要通过试讲然后从几名应聘者中选出一名。几名应试者都做了精心的准备。

上课的铃声响了，一个个试讲者分别微笑着走上讲台。其中，有一个试讲者做了充分的功课，但是试讲的效果却很一般。下课时，比较自己与前面几名试讲者的效果，他觉得自己会落选。

可是意想不到的事情发生了，第二天他接到被录用的通知，惊喜之余，他问校长为什么选中了他。校长语重心长地对他说："说实话，论那节课的精彩程度，你还稍逊一筹，不过在课堂提问时，你叫的是学生的名字，而其他人叫他们的学号。我们怎么能录用一个不愿意去了解和尊重学生的教师呢？"

卡耐基曾经说过："一个人的姓名是他自己最熟悉、最甜美、最妙不可言的文字，在交际中最明显、最简单、最重要、最能得到好感的方法，就是记住别人的名字。"与不相熟的人交往时，牢牢记住他的名字，并响亮地叫出他的名字吧。要知道，于他而言，这可是最美的称赞。

其实，世界上天生就能记住别人的名字的人并不多见，大多数人能做到这一点全靠有意培养。当你养成了这个好习惯时，你便能在人际关系和社会活动中占有很多优势。

有些人天生记忆力好，看书、阅人均过目不忘，有些人记忆力差一些，但若把这些作为不礼貌的理由，也未免有些牵强。也许，有人会认为这是小题大做，但是不可否认的是要求被尊重、被承认是每个人发自内心的真诚愿望。当你使对方有被尊重的感觉时，你便能获得对方的好感，而你所做的也只不过是记住一个人的名字而已。

恰当的称呼，让人很受用

在和陌生人沟通时，恰当地称呼别人十分重要，一个恰当的称呼可以说到别人的心坎里，让别人更容易接受你。而不恰当的称呼则可能让别人的心里不舒服，进而影响接下来的交往。

在社交中，称呼是必不可少的。在商场交往中，人们对称呼是否恰当十分敏感。尤其是初次交往，称呼往往影响交际的效果。有时因称呼不当会使交际双方产生感情上的障碍。不同时代、不同国家、不同地区、不同社会集团之间都有不同的称呼，但也有共同的称呼，如女士、先生。

因此，你必须懂得恰当地称呼别人，这样别人心里才会感到舒服，进而增进双方的感情。

1. 多使用客气的称呼

有一位善于交际的朋友，在不同场合他都能结识很多新人。他是怎么做的呢？他对比自己小的年轻人总是很亲切地直呼其名，并以亲如兄长般的态度赢得小弟小妹们的尊敬与喜爱。即使在他生病住院期间，他也能与医务人员打成一片。他曾说："与人交往，首先要学会恰当地称呼人，这样才能使人对你产生好印象。"

事实确实如此，就拿找人来说，你如果说："喂，总经理在哪里？"被问的人肯定不会理你。如果你礼貌地说："你好，请问王总去哪儿了？"那他则会很乐意地告诉你。

当然，称呼还要合乎常规，要照顾到被称呼者的个人习惯，同时，还要注意入乡随俗。而根据场合，又可以分为工作中的称呼和生活中的称呼两种，在具体实践中各有不同。在日常交往中，称呼应当亲切、自然、准确、合理。

使用称呼还要注意主次关系及年龄特点。如果对多人称呼，应以先长后幼、先上后下、先疏后亲的顺序为宜。如在宴请宾客时，一般要按女士、先生、朋友们的顺序称呼。

客气的称呼会使对方感到愉快。在有些场合，如果你适当地喊出对方的名字，更会使人感到亲切愉快。

2. 告诉他人他的头衔何等重要

倘若你想改善某个人某方面的缺点，你就要学会表示出他已经具有这方面的优点。如果对方有你所要激发的美德，就要给他一个美好的名誉，那样，他会尽其所能去实现、去达到这个水准，相信我，他是不愿意使你感到失望的。

1915年，整个美国处于一片惊恐之中，因为在一年的时间内，欧洲各国彼此残杀，规模之大，是人类战争史上从未有过的，和平能实现吗？无人知晓。不过，威尔逊总统决定要为这件事而努力，他要派一个代表，一个和平专使，到欧洲和那些军阀商谈。

国务卿勃雷恩是主张和平最有力的人选，他希望自己能为这件事奔走。他看出这是个绝好的机会，可以完成一件名垂后世的伟大任务。但是，威尔逊总统却派了勃雷恩的好友郝斯上校去。假如郝斯上校把这件事告诉勃雷恩，勃雷恩不愤怒的话是很难的。

"当勃雷恩听说我要去欧洲担任和平专使，显然他感到极大的失望，"赫斯上校在他的日记中记述说，"勃雷恩表示，这件事原本他是准备自己去的。我回答说，总统认为一位政府大员担任这件事，是很不适合的。到了那里，会引起人们极大的注意——美国政府怎么会派一个国务卿来商谈此事呢？"

你看出其中的暗示了吗？郝斯上校似乎就是在告诉勃雷恩他的职位是何等重要，担任那项工作是极不适宜的。而这使勃雷恩满意了。

在工作岗位上，人们彼此之间的称呼是有其特殊性的，应当庄重、正式、规范。在工作中，最常用的称呼方法，就是以交往对象的职务相称，以强调其特殊身份及自己的敬意。比如"陈总（经理）""王处长"等。

对于具有职称者，尤其是具有高级、中级职称者，可以在工作中直接以其职称相称，如"侯教授""张工"等。而以头衔作为称呼，则能增加被称呼者的权威性，更加有助于增强现场的学术气氛，如"陈博士"等。

3. 给他人一个好听的头衔

告诉他人他的头衔何等重要，可以给他人一种"权威""重要人物""关键人物"的感觉，如果你希望某个人能够按照你希望的去做事——不如告诉他他很重要，让他自愿去做这件事。

卡耐基曾讲过这样一个故事：

万特是纽约万特印刷公司的经理，他打算改变一位技术师的态度，但又不能引起对方的反感。这位技术师负责管理若干台打字机和其他日夜不停地运转的机器。他总是抱怨工作时间长、工作多，他需要一个助手。

但是万特先生没有缩短他的工作时间，也没有替他添加任何一个助手，却使那位技师高兴了起来。他是怎么做的呢？万特的主意很简单，他给那位技师一间私人办公室。办公室外面挂上一块牌子，上面写着他的名字和头衔"服务部主任"。这样一来，他不再是任何人可以随便下命令使唤的修理匠了。他现在是一个部门的主任，他的自尊得到了满足。这位"服务部主任"现在很高兴，已经不再抱怨了。

你也许会觉得这种方法看起来很幼稚，但是历史上的很多大人物都擅长使用这种方法赢得人心。拿破仑在训练荣誉军的时候，曾经发了1500枚代表荣誉的十字勋章给士兵，所有士兵都把它当成无上的荣誉。他封自己的18个将军为"法国大将"，以好听的头衔不断称赞他人。当有人说他"幼稚、孩子气"，讥笑他用玩具和把戏去哄那些为他出生入死的士兵和将军时，拿破仑正经地回答说："是的，人有时就是被玩具统治着。"

这种以名衔或权威赠予他人的方法，如果拿破仑使用有效，那么，你用肯定也一样有效。

"星星监狱"狱长罗斯，获得了无数囚犯的爱戴，他曾经说过："如果你必须要去对付一个盗贼或骗子，强硬和恐吓是没有用的，你唯一能够制服他的办法，就是你对他要像对待一个诚实、体面的绅士一样。无论他是一个恶劣的小人，还是一个规规矩矩的正人君子，你都要这样对待他，他会因此感到受宠若惊，并且他会很骄傲地认为有人信任他。"

事实上，无论是富人、穷人，还是乞丐、盗贼，都是重视名誉的。人人都有虚荣心和自我实现的愿望，所有人都愿意竭尽所能，去得到他人给予的美名，并且保持别人赠予他的美名。

给他一个头衔，使他感觉自己是重要的。他会愿意保持你给他的"重要""美好"的形象评价。

适当"自我暴露"，有助于拉近距离

生活中有些人是相当封闭的，当对方向他们说出心事时，他们却总是对自己的事情闭口不谈。这类人不一定都是内向的人，有的人话虽然不少，但是从不触及自己的私生活，不谈自己内心的感受。

总体来说，一个人对他人的开放性体现在两个方面：一是由初次见面时待人接物的习惯所决定的，这称为社交性。社交能力强的人善于闲谈，但谈话中未必会涉及根本问题。第二个方面是由一个人是否愿意将自己的本意、内心展现给他人所决定的，这称为自我展示性。

这两种类型的开放性通常是完全独立的。有些人社交能力很强，他们可以饶有兴趣地与你谈论国际时事、体育新闻、家长里短，可是从来不会表明自己的态度。而一旦你将话题引向略带私密性的问题时，他就会插科打诨，转移话题。

可见，一个健谈的人，也可能对自身的敏感问题有相当强的抵触心理。相反，有一些人虽不善言辞，却总希望能向对方袒露心声，所以反而能很快和别人拉近距离。

1. 个人信息拉近彼此距离

曾经有一位老师讲过这样一个故事：

有一天，一个学生来到他的办公室，一进门就问他的生日，然后兴冲冲地掏出个掌上小电脑，把名字和生日输进去，接着电脑的液晶荧幕上，就显示了一大堆"天格、地格、人格"之类的数字，以及这位老师的"命盘"。

学生一行行念着，念一段，就问老师准不准，这位老师有些哭笑不得，就开玩笑地责怪他不该学算命。可是那位学生却讲出了一番大道理，让这位老师也不由得佩服他的机敏。

那位学生说："我用这个小电脑，不知交了多少朋友，办成了多少别人办不到的事。碰到陌生人，我只要拿出小电脑，问他要不要算算，就立刻知道了他的名字和出生年月日。接着，管它准不准，准的他点头，不准的他摇头。没两下，我们就成了好朋友了。"

接下来，学生又带着神秘口吻说："老师，当一个人把他的个人资料告诉你之后，他就会对你特别好，这就是我的高招！"

有的人虽然很擅长社交，甚至在交际场中如鱼得水，但是他们却鲜有知心朋友。因为他们习惯于说场面话、做表面功夫，交朋友又多又快，感情却都不是很深。还有就是他们虽然说很多话，却很少暴露自己的真实感情，而每个人都能直觉地感到对方对自己是出于需要，还是出于情感而来往。

当你将自己的个人信息等资料告知别人时，心理上的距离一下子就拉近了，这可谓是一种有效的方法。

2. 糗事拉近与陌生人的距离

人之相识，贵在相知；人之相知，贵在知心。要想与别人成为知心朋友，就必须表露自己的真实感情和真实想法，向别人讲心里话，坦率地讲一些自己的糗事，这就是自我暴露。

当自己处于明处，对方处于暗处，你一定不会感到舒服。自己表露情感，对方却讳莫如深，不和你交心，你一定不会对他产生亲切感和信赖感。当一个人向你表白内心深处的感受，你可以感到对方首先信任你，其次想和你达到情感的沟通，这就会一下子拉近你们的距离。

在生活中，我们会发现有的人知心朋友比较多，虽然他看起来不是很擅长社交。如果你仔细观察，就会发现这类人一般都有一个特点，就是为人真诚，渴望情感沟通。他们说的话也许不多，但都是真诚的。所以他们有困难的时候，总会有人来帮助他们，而且很慷慨。

3. 自我暴露要适当

心理学家认为，一个人应该至少让一个重要的他人知道和了解真实的自我。这样的人在心理上是健康的。

鲁迅先生曾在他的作品中刻画了祥林嫂的形象。

"我真傻，真的，"她说，"我单知道雪天是野兽在深山里没有食吃，会到村里来；我不知道春天也会有。我一大早起来就开了门，拿小篮盛了一篮豆，叫我们的阿毛坐在门槛上剥豆去。他是很听话的孩子，我的话句句听；他就出去了。我就在屋后劈柴，淘米，米下了锅，打算蒸豆……直到下半天，几个人寻到山坳里……果然，他躺在草窠里，肚里的五脏已经都给吃空了，可怜他手里还紧紧地捏着那只小篮呢……"

男人听到这里，往往敛起笑容，没趣地走了开去；女人们却不独宽恕了她似的，脸上立刻改换了鄙薄的神气，还要陪出许多眼泪来。有些老女人没有在街头听到她的话，便特意寻来，要听她这一段悲惨的故事。直到她说到呜咽，她们也就一齐流下那停在眼角上的眼泪，叹息一番，满足地去了，一面还纷纷地评论着。

她就只是反复地向人说她悲惨的故事，常常引住了三五个人来听她。但不久，大家也都听得纯熟了，便是最慈悲的念佛的老太太们，眼里也再不见有一点儿泪的痕迹。后来全镇的人们几乎都能背诵她的话，一听到就烦厌得头痛。

"我真傻，真的。"她开首说。

"是的，你是单知道雪天野兽在深山里没有食吃，才会到村里来的。"他们立即打断她的话，走开去了。

自我暴露要适当。像鲁迅小说中的祥林嫂那样总是喋喋不休地谈论自己事情的人，刚开始可能会得到别人的同情，但时间长了就会遭到人们的厌烦。因此，过多地自我暴露不但不会赢得友谊，反而可能会适得其反；同样，自我暴露过少也不会赢得友谊。

当人们与自我暴露水平较高的人交往时，最有可能进行较多的自我暴露，因为人们常常会回报或模仿他人所欣赏的自我暴露。如与朋友聊天时，朋友讲出心底秘密的同时，我们也愿意讲出自己的秘密。

所以，自我暴露要适当，要选择适当的人进行适当的自我暴露。

第六章

巧妙应对，
良好氛围让沟通事半功倍

让对方感到愉悦，他才会有话可说

在某些沉闷的环境里，很多人不愿意开口跟陌生人说话，那是出于一种防备和自尊心理，此时，你应该想到如何去激起说话对象的某种情绪，让他慢慢开口说话。而这就需要我们多说些积极的语言。

什么是积极的语言呢？积极的语言就是能促进彼此交谈，增深彼此友情的带有积极意义的语言，就是能让对方感到愉悦的语言。

1. 让对方感受到你的热情

当我们全身心投入某件事，甚至达到忘我的境界时，就会显得魅力无穷，好像我们所有的亲切、刚毅的性格都汇聚成了耀眼的光芒。投入自己的热情，也会让对方感受到你的热情，例如下面这段对话：

"真是禁不起获原兄的一席劝啊，每次有事相求，我都会接受。虽然明明自己正忙得不可开交……唉，每次都到事后才后悔不该答应你，否则就会轻松得多啦！"

"啊，非常抱歉。请原谅我常常打扰你……可是话说回来，我所托之事也只有你一人才能胜任啊！"

"唉！你每次都这么说，害我每次都会被你轻易说动。获原，你真行啊！一会儿就说得我晕头转向的。其实真正起作用的并不是你的一席话，而是你的热情啊！你总是从全新的角度看待旧事物，以乐观的热情感动了我。面对做事如此热情专注的你，即使自己再忙，我还是很愿意帮你的！"

从上面的对话我们深刻体会到，让语言饱含热情是多么重要的一件事。当热情全面融入你的言语中时，你就充满了激情，富有激情的话语往往能震撼人心，令人激动不已。

当没人开口说话时，就需要激起谈话对象的某种情绪。有时候，调节气氛是不可避免的，不要让紧张压抑的气氛抑制了大家说话的勇气，这时，必须想办法创造一种快乐的氛围，让所有人都参与到交谈当中来。

通常来说，人们在快乐与不快乐这两种情绪中，会下意识地选择快乐的情绪。对一个素不相识的人，如果你热情以对，就能一下子缩短彼此的心理距离，使对方产生亲近感。

2. 表达你对对方的关注

当你希望对方愉悦时，唯有获取他人的信任，让对方充分说出他的意见，而你则在认真倾听的同时，随时保持询问对方意见的风度，尽力从对方角度去思考问题。

张磊是一家电气公司的科长，他一向知人善任，并且每当推行一项计划时，总是不遗余力地率先做榜样，将最困难的工作揽在自己的身上，等到一切都上了轨道之后，才将工作交给下属，而自己退居幕后。虽然，他这种处理事情的方法很好，但他太喜欢为他人做表率，所以常常让人觉得他太骄傲了。

最近不知怎么搞的，一向神采奕奕的张磊显得无精打采。原来最近的经济极不景气，资金方面周转不灵，再加上预算又被削减，使得公司的运转差点停顿。

张磊认为，这种情形若继续下去，后果一定不可收拾。于是他实施了一套新方案，并且鼓励职工："好好干吧！成功之后一定不会亏待你们的。"没想到眼看就要达到目标，却还是功亏一篑，也难怪他会意志消沉了。

平日对张磊极为照顾的经理看到这些情形后，对他说："你最近看起来总是无精打采的，失败的挫折感我当然能够了解。我觉得你之所以会失败，是因为你只是一味地注意该如何实现目标，而忽略了人际关系的调解，如果你能多方考虑，并多为他人着想，问题就一定能够迎刃而解。"

经理停顿了一下，接着说："大丈夫要能屈能伸，这样才能成为一个好的管理人员。我觉得你就是太急切了，又总喜欢为职工做表率，而完全不考虑他们的想法，认为他们一定能如你所愿地完成工作，结果倒给了职工极大的心理压力。大概也就是因为这个缘故，所以大家都说你虽能干，但他们却很难完成。每个人都知道工作的重要性，所以你大可不必再给他们施加压力。你好好休息几天，让精神恢复过来，至于工作方面，我会帮助你的。"

看了张磊的经历后，你可能也有相同的感触。那就是，要想获得别人的信任和体谅，并不是只靠热情与诚意就能取得成功的。或许你原本对自己的能力极有信心，但往往会因过分能干或热心，而给别人带来跟不上的感觉，自己也会有挫折感。这一切都是因为你太过信任自己，而忽略了他人的感受。

信任是一种连接人与人之间的纽带。我们应当学会让自己表达出对他人的信任，善于将信任的感情传递给其他人。这也是赢得他人信任的基础，只要你能奉"设身处地为他人着想"为圭臬，便可减少许多困扰。

3. 不要说对方不爱听的话

与陌生人说话，多说积极的话语，令对方振奋开心，这对于我们迎合对方心理，打开交际局面是大有帮助的。

比如，当你和陌生人说话时，对方对你的态度突然间冷淡下来，这时与其一个人冥思苦想："难道我说了什么不合适的话？"不如试着直接问对方："我是不是说了什么失礼的话？如果有的话请您原谅。"这样一说，即使对方真的有什么不满，心有不悦的话也会烟消云散。因为你的坦诚已经让他原谅了你。

语言既可以成为建立和谐人际关系的最强有力的工具，也可以成为刺伤别人的利刃。由于说话态度不同，如果说了对方不爱听的话，满怀真诚是最重要的。

使语言不成为伤人"利刃"的最低条件是什么呢？那就是不要说对方不想听的话题。对此，我们应慎选话题，不谈对方深以为憾的缺点和弱点；不谈上司、同事以及一些朋友们的坏话；不谈人家的隐私；不谈不景气、手头紧之类的话；不谈一些荒诞离奇、黄色淫秽的事情；不询问妇女的年龄、婚否、家庭财产等事情；不说个人恩怨和牢骚；不说一些尚未明辨的隐衷是非；避开令人不愉快的疾病详情；忌夸自己的成就和得意之处。

不说对方敏感的话题是建立和谐人际关系的准则。

少说"我"，设法拉近与对方的距离

人们最感兴趣的，就是谈论自己的事情，而对于那些与自己毫不相关的事情，大多数人觉得索然无味。如果只谈自己最感兴趣的事情，常常不仅很难引起别人的兴趣，而且别人还会觉得这样的谈话很难继续下去。

竭力忘记你自己，不要总是谈你个人的事情、你的孩子以及你的生活。大家喜欢的是自己最熟知的事情，那么，在交际上你就可以明白别人的弱点，而尽量去引导别人说他自己的事情，这是拉近与对方距离最好的方法。

小孩子在玩耍时，经常会说"这是我的东西"或"我要这样做"，这是由于小孩子的自我显示欲直接表现所造成的。有时在成人世界里，也会出现如此现象，这种人不仅无法给对方留下好印象，可能在人际关系方面也会受阻，甚至在自己所属的团体中形成被孤立的局面。

说话时，把"我的"变为"我们的"，可以巧妙地拉近双方的距离，使对方更容易接受你。

1. 不要总是说"我"

有个很不受欢迎的年轻剧作家，终于交了一个女朋友。他跟女朋友谈论自己的剧本，直到两个小时后他才说道："关于我已经谈得够多了，现在来谈谈你吧。"女朋友刚准备接上话茬儿，剧作家接着说，"你认为我的剧作怎么样？"结果女朋友忍无可忍，终于离开了他。

这则小故事讽刺了那些平时说话喜欢说"我"的那些人，他们总是对自己的工作、家庭、理想表现出浓厚的兴趣，"我"在他们的谈话中永远是用得最多的一个字，总是向对方讲"我如何如何"，他们对对方漠不关心，于是与别人聊天时常常不欢而散。

亨利·福特二世描述令人讨厌的行为时说："一个满嘴是'我'的人，一个随时随地说'我'的人，一个独占'我'字的人一定是一个不受欢迎的人。"的确，在人际交往中，"我"字讲得过多，会给人突出自我、标榜自我的印象。

有些人认为："我"的这个话题很重要，他们一定很喜欢听；人人都要注意到我，我才会满意，我才算成功；我不说自己的优点，他们便无法知道，所以让大家注视我的最好方法就是自己说出优点，等等。

这些典型的"以自我为中心"的态度往往事与愿违，多少会妨碍你与他人的和睦相处，相反，你在与他人聊天中注意关注别人，并且表示适当的理解和肯定，你就会成为受欢迎的聊天伙伴。

会说话的人，在与人说话时，总会避开"我"字，更多地使用"你、您、我们"等字眼。因为与你更喜欢谈论自己一样，对方也更喜欢听到与他们有关的话。有时候，即使像"你从哪儿来"这样一个简单的问题也说明你对别人感兴趣，从而赢得对方的好感。

2. 多说"我们"一词

曾经有一位心理学家做了一项有名的实验，就是选编了三个小团体，并且分派三人饰演专制型、放任型、民主型的三位领导人，然后对这三个团体进行意识调查。结果，民主型领导人所带领的这个团体表现了强烈的同伴意识。而其中最有趣的就是这个团体中的成员大都使用"我们"一词来说话。

新婚宴尔，新娘对新郎说："从此以后，就不能说'你的''我的'，要说'我们的'。"新郎点头称是。一会儿，新娘问新郎："亲爱的，我们今天去哪儿啊？"新郎说："去我表姐家。"新娘就不乐意了，纠正说："是去我们表姐家。"新郎去洗手间，很久了还不出来。新娘问："亲爱的，你在里面干吗呢？"新郎答道："我在刮我们的胡子。"

这虽然是一则笑话，可是它体现了一个问题，即"我们"这个词可以造成彼此间的共同意识，拉近双方的距离，对促进人际关系将会有很大的帮助。

如果你在说话中不管听者的情绪或反应如何，只是一个劲儿地说"我"如何如何，那么必然会引起对方的反感。如果改变一下，把"我的"改为"我们的"，这可能会让你获得对方的好感，使你同别人的友谊进一步加深。

经常听演讲的人，大概都有这样的经历，就是演讲者经常会说"我们是否应该这样""我们一起来做个游戏"之类的话，这样能使你觉得和对方的距离很近。因为"我们"这个词，也就是要表现"你也参与其中"的意思，所以会令对方心中产生一种参与意识，按照心理学的说法，这种情形是"卷入效果"。

有人曾总结出与人交际的重要语句：

语言中最重要的 5 个字的句子是："我以你为荣！"

语言中最重要的 4 个字的句子是："您觉得呢？"

语言中最重要的 3 个字的句子是："麻烦您！"

语言中最重要的 2 个字的句子是："谢谢！"

语言中最重要的 1 个字的句子是："你！"

语言中最不重要的一个字是："我。"

3. 能不说"我"时尽量不说

"我"在英文里是一个字母，千万别把它变成你词汇中最常用的字。

一次聚会，有位先生在讲话的前三分钟内一共用了 6 个"我"，他不是说"我"，就是说"我的"，如"我的公司""我的花园"等。随后一位熟人走上前去对他说："真遗憾，你失去了你的所有员工。"

那个人怔了怔说："我失去了所有员工？没有呀，他们都好好地在公司上班呢！"

"哦，难道你的这些员工与公司没有任何关系吗？"

事实上，我们在听别人说话时，对方说"我""我认为"带给我们的感受，将远不如他采用"我们"的说法，因为采用"我们"这种说法，可以让人产生团结意识。

"我们"这个词包含了参与的意思，所以会令对方心中产生一种参与意识。比如说"你们必须深入了解这个问题"，便拉开了听众与自己的距离，使听众无法与你产生共鸣。如果改为"我们最好再做更深一层的讨论"，就会缩短与听众之间的距离，使气氛立刻活跃起来。

在员工大会上，你想说："我最近做过一项调查，我发现40%的员工对公司有不满的情绪，我认为这些不满情绪……"如果你将上面这段话的三个"我"字转化成"我们"，效果就会大不一样。说"我"有时只能代表你一个人，而说"我们"代表的是公司，代表的是大家，员工们自然容易接受。

不可避免地要讲到"我"时，要做到语气平和，既不把"我"读成重音，也不把语音拖长。同时，目光不要逼人，表情不要眉飞色舞，神态不要得意扬扬，你要把表述的重点放在事件的客观叙述上，不要突出做事的"我"，以免使听者觉得你自认为高人一等，觉得你在吹嘘自己。

迎合自尊心，让对方"臣服"于你

在马斯洛的需要层次理论中，尊重的需要是人的一种高级需要。人与人有差异，人与人在财富、地位、学识、能力、肤色、性别等许多方面各有不同，但在人格上是平等的。维护自己的自尊是一个人心中最强烈的愿望，因此，满足尊重的需要对人来说十分重要。很多时候，人们为了获得尊重，会通过追赶时髦、用高档商品、买名牌服装等手段来体现自己的价值。

交际中，我们常会遇到一些自命不凡的人。他们无论对谁，无论谈论什么话题，总是表现出一副很懂的样子，总用一种不以为然的神情对待你。大家觉得跟这类人没有什么共同语言，想改变这类人比登天还难。其实，这类人喜欢听恭维话，无论别人说得对还是错，你只要不嘲笑或批评他，而是多多赞美他，迎合他的自尊心，便可以使他产生满足感，自然就可以顺势将他改变了。

所以，当你想改变一个人的时候，无论他多么固执，只要牢记迎合他的自尊心，给他满足感，几乎都可以顺利达到目的。

1. 满足对方的自尊心

尊重是每一个人的心理需要。不管先天条件如何、财富的多少、地位的高低，任何人都需要得到别人的尊重。因而，要想使他人乐于改变，最重要的就是迎合他人的自尊心。

美国心理学家曾做过一个实验，证明了尊重对人产生的巨大影响。

为了调查研究各种工作条件对生产效率的影响，美国西方电器公司霍桑工厂一个大车间的六名女工被选为实验的对象。实验持续了一年多。这些女工的工作是装配电话机中的继电器。

第一个时期，让她们在一个一般的车间里工作两个星期，测出她们的正常生产效率。

第二个时期，把她们安排到一个特殊的测量室工作五个星期，这里除了可以测量每个女工的生产情况外，其他条件都与一般车间相同，即工作条件没有变化。

接着进入第三个时期，改变了女工们工资的计算方法。以前女工的薪水依赖于整个车间工人的生产量，现在只依赖于她们六个人的生产量。

第四个时期，在工作中安排女工上午、下午各一次5分钟的工间休息。

第五个时期，把工间休息延长为10分钟。

第六个时期，建立了六个5分钟休息时间制度。

第七个时期，公司为女工提供一顿简单的午餐。

在随后的三个时期每天让女工提前半小时下班。

第十一个时期，建立了每周工作五天的制度。

最后一个时期，原来的一切工作条件又全恢复了，重新回到第一个时期。

老板是想通过这一实验来寻找一种提高工人们生产效率的生产方式。的确，工作效率会受到工作条件的影响，然而，令人想不到的是，不管条件怎么改变，如增加或减少工间休息，延长或缩短工作日，每一个实验时期的生产效率都比前一个时期要高，女工们的工作越来越努力，效率越来越高，根本就没关注过生产条件的变化。

想必你一定在好奇，这是为什么呢？

之所以会这样，一个重要的原因就是女工们感到自己是特殊人物，受到了尊重，引起了人们极大的关注，因而感到愉快，便遵照老板想要她们做的那样去做。正是因为受到了重视和尊重，所以，她们工作越来越努力，每一次的改变都刺激着她去提高生产效率。

2. 给对方留面子

"人活脸，树活皮"，不少人都把面子看得非常重要，因此自己应当处处想到给他人留脸面，尤其是在众人面前，不仅不能驳对方的脸面，还应处处维护他人脸面。

一家公司新招了一批职员，老板抽时间与这批职员见了个面。他按员工姓名表把新员工一个个叫起来认识一下。

"黄烨（huà）。"老板微笑着叫道。全场一片静寂，没有人应答。

老板又念了一遍。

这时一个员工站起来，怯生生地对老板说："杨总，我叫黄烨（yè），不叫黄烨（huà）。"

人群中发出一阵低低的笑声。

老板的笑脸不见了，脸上有些不自然。

一个精干的小伙子忽然站了起来，解释道："请杨总原谅，我是新来的打字员，是我把名字打错了。"

"太马虎了，下次注意。"老板挥挥手，接着念了下去。

之后不久，那个打字员被提升为制作部经理。

在这样的场合公然指出老板的低级错误，还弄得"人群中发出一阵低低的笑声"，老板会比较难堪。如果不是那位打字员出来打圆场，老板的这个低级错误一定会成为大家茶余饭后的笑谈。所以打字员被提升也是情理之中的事。

相反地，如果在大庭广众之下维护了领导的脸面，甚至能做到归罪于己，会让领导十分喜欢，今后会更尊重和重视你。

3. 不动声色地夸奖

有位生性高傲的处长，一般生人很难接近他，他生硬冷漠的面孔常使人望而却步。刘丽是一位外地来的办事员，她一见面就微笑着说："处长，我一进门就有人告诉我，处长是个爽快人，办事认真，富有同情心，特别是对外地人格外关照。我一听，高兴极了。我就爱和这样的领导共事，痛快！"几句开场白，把处长捧得脸上立刻露出笑容，接下去谈正事，果然大见成效。

有一些人，自恃知识丰富、阅历广泛，因而目空一切，压根儿就瞧不起别人，表现出一股不可一世的傲气。与他们打交道，对其业绩、学识、才能等给予实事求是的赞美，使其荣誉心、自尊心得到满足，这样他们就会在心理上缩短与你的距离。

当受到他人关心时，一般人往往不会拒绝。尤其是能满足自尊心的关怀，往往能使被关怀者立即对关怀者产生好感。

满足他人自尊心最佳的方法就是善意地建议。对方是女性时，仅说"你的发型很美"，只不过是句单纯的赞美；若是说"稍微剪短点，看起来会更可爱"，对方定能感受到你对她的关心。若能不断地表示出此种关心，对方对你必然更加亲切信任。

改变先入之见，换个方式再问

有些问话不可自己先存有成见，与其问"你很讨厌他吗"，或"你很喜欢他吗"，不如问"你对他印象怎样"。但有时也可先入为主，用自己的观点去引出别人的观点，比如对一个40岁的女人问"你今年有30岁了吧"，这要比问"你今年芳龄几许"要好得多。

假如人们几乎总是对某一事物抱有成见，当你要求其换一种眼光，要求他们改进或者改变方法，得到的常常是借口、争辩、泪水、瞪眼或缄默，而你的反应则会是愤怒或发作。

改变别人的先入之见如此困难，为什么不换一种方式呢？

1. 先入之见根深蒂固

以前，美国人一般都认为人造黄油比奶油质量差，导致人造黄油的销售量迟迟不能提高。但是人造黄油的经营者们却信心十足，他们打算不论在质量方面、味道方面还是营养方面，都让人造黄油成为奶油的代用品。他们想尽一切办法宣传人造黄油的优点，以提高它的销量。他们这样做就是想消除人们"人造黄油不如奶油"的先入之见。因此，经营者们委托有关机构调查造成这种偏见的原因，并且研究出了解决的办法。

在某次午餐会上，有百分之九十以上的妇女说可以辨别人造黄油和奶油，她们说人造黄油有腥臭味等。于是调查人员发给她们每人黄、白各一块奶油状的食品请她们品尝，结果，百分之九十五以上的妇女认为黄色的是奶油，她们说味道"新鲜""醇正"，认为白色的是人造黄油，并说有腥臭味。

但是，她们的尝试结果与事实恰恰相反，黄色的是人造黄油，白色的是刚刚制造出来的奶油。也就是说，这些妇女仅仅是靠颜色的先入之见来区别奶油和人造黄油的，至于"腥臭味"的评价更是毫无根据。

经营者并没有冒昧地说："太太们，你们说这奶油有腥臭味是不是有些味盲呢？"他们并没有采取这种愚蠢的行为来破坏对方的先入之见，而是不再强调人造黄油与奶油的"类似性"。他们通过宣传人造黄油给人们带来的"满足感"大大提高了销售量。

如果了解了先入为主的心理结构之后，就不应该从正面反驳对方的先入之见，否则会使他产生逆反心理。而应该以对方毫无觉察的方式，给予他意外的体验。这样，你的说服就会成功。

2. 跟对方讲道理

让对方有意外的体验，从而改变其先入之见，当然离不开跟对方讲道理。

马丁和瑞恩两人为了增加自己的零用钱，分别跟太太展开说服攻势。

首先，让我们来看看马丁先生如何做的吧：

"你想想，上次加钱是什么时候？好像已经很久了……你知道吗？近来同事们都说我变小气了，这样会影响到我的人际关系的。再这样下去，我一定会受到大家的排挤。你也曾经在社会上工作，应该了解被人排挤的滋味吧！这样绝对会影响到工作绩效，我想你一定能了解并体谅我的苦衷！"

马丁太太听了丈夫的话，说："是呀，好久没有调整零用钱了，万一影响工作就不好了。这样吧，从这个月开始，每个月多给你三千元的零用钱吧！"

马丁先生进行得相当顺利。紧接着我们再来看看瑞恩先生是怎么说的：

"喂，从这个月开始零用钱再多给我三千元。你到底有没有替我想想，现在这个样子，酒不能喝、烟也不能抽，这怎么行呢？总之，赶快给我加钱……"

瑞恩的太太闻言不禁火冒三丈："你说的是什么鬼话！不是刚加了钱吗？你哪一天不是喝得醉醺醺才回来，烟也抽得那么凶，还说什么没烟抽、没酒喝。还想加什么钱呀！开玩笑，不行！"

"刚加钱？！那已经是三年前的事了。喂，只要你少参加几次才艺班，不就多出三千元了吗？拜托嘛！"瑞恩先生看太太有些动怒，便软化态度，温和地说道。

"好吧，那就加一千五吧。"瑞恩太太心不甘情不愿地退一步说。

"哎呀，你可真会计较！"

马丁和瑞恩，在争取提高零用钱的事情上，都获得了小小的成功。但我们却可以明显看出马丁先生似乎略胜一筹。而从成功的技巧来看，其实瑞恩先生不能算真正的成功。为什么呢？

因为瑞恩先生的劝说根本没有表达出劝说的真义。这是由于瑞恩的太太无法完全理解丈夫要求加钱的理由，而仅只是屈服于丈夫软硬兼施的威胁，如"减少你的才艺班课程"。由此不难预见，今后这对夫妻在遇到更难处理的事情时，将会采取什么样的沟通模式。在他们心中，并没有打算要明确告知对方自己的想法，进而说服对方，反而只是一味地将自己的想法强加给对方，直到对方勉强接受为止。

以马丁夫妇的情况和瑞恩夫妇进行比较，就会明白说服技巧和成效的差别。马丁先生将自己在公司的状况明确地告诉太太，让太太明白这种状况如果持续下去对于她也是相当不利的。于是太太细思后发觉如不增加丈夫的零用钱，的确会使家庭和自己的利益受损。于是当机立断，很爽快地答应了。马丁先生极其聪明地抓住这一关键，巧妙地将自己的利害关系转嫁到太太身上，让太太自动说好，达到他的目的。

3. 有效说服固执的人

对于固执的人，你最好学会在几秒钟之内讲出为促成变化而特地设计的妥协条件。

例如，"小王，如果所有工作在星期五中午前做完，那你星期五下午就可以休息了。好吗？"

你微笑着简要地讲明变化，接着说："好吗？""同意吧？""我们就这么定吧？"不要多说，你提的是合理建议，给对方机会表示同意。

你也可以说："也许我不能总是做到应有的敏感。如果你在中午前完成这项目，那我将很乐意……"

"在有些场合我可能脾气很坏。这是我的建议。如果……那么……"采用"也许""可能"以及"在某些场合下"等词，使你在不完全同意的前提下表示听到了对方的回答。

比如当你在与下属谈起以前的那件事情时，你可以从那些非语言动作，如嘴巴紧张不安地抽动、无缘无故地咳嗽、搔头皮，可以看出，他头脑中的警报系统正在响起。使他害怕的原因是，他已经估计到这次见面可能有不愉快的结果。

为了营造良好的氛围，你一定不要那么严肃，而是应该采取令人愉快的建设性的态度。先表示真诚的赞扬，要表扬的是他的具体成绩而不是他的全面表现。真诚的赞扬冲淡了对方为自己辩护的必要，也就关掉了他内心的警报。

通过重申相互关系消除他对被解雇或降职的担忧。要让他知道，他和你以及公司在一起是有前途的。当谈到今后的项目中仍然有他参加时，他会体会到言外之意，而你也能看到他逐渐放松心情，自卫意识进一步减弱了。

适时自嘲，炒热谈话的气氛

卡耐基曾经说过，掌握神奇机智的语言应变技巧，无论是对演讲还是对于谈判来说，都具有重要的作用。而自嘲就是这样一种神奇机智的语言应变技巧。

自嘲，即自我嘲弄，也就是拿自身的缺点、不足或者生理缺陷，甚至失误来"开涮"，对自己的丑处、羞处不仅不予遮掩、躲避，反而将之暴露在高倍显微镜下，然后巧妙地调侃、戏弄和贬损自己。所以，没有豁达、乐观、幽默的心态和胸怀，是无法做到的。

一个真正懂得自嘲的人，是不会事事较真、较劲的。当遇到突发事情，陷入尴尬的境地时，适当的调侃自嘲，不仅能避免尴尬、化解窘境，还能拉近人们彼此的心理距离，让你在人际交往中游刃有余。

1. **自嘲赢得对方信任**

拿自己来开玩笑，既使人觉得亲近，又以降低自己为代价抬高了别人，可以消除嫌隙，获取他人的好感。

晋朝时，大臣满奋一次陪同晋武帝，坐在靠近北窗的地方。满奋生性怕风，而北窗是用琉璃制成的，虽然琉璃的质地很密，根本不透风，但看起来却是一点儿也不挡风的样子。虽然只是心理作用，但满奋还是很怕被北风吹着了，当着皇帝的面，又不好启口换个座位，显得局促不安。

晋武帝看他的神态，知道他是怕风，便告诉他不会透风，没有关系。满奋很不好意思，自嘲说："臣就像南方的水牛，怕热怕惯了，看见月亮也疑心是太阳，不由得喘起粗气。"这便是成语"吴牛喘月"的出处。

满奋以水牛比作自己，把自己的过分紧张形容得十分形象，表现了坦诚忠实的品格，因此得到了皇帝的信赖和好感。其实在这里满奋就是因为很好地运用了自嘲，所以巧妙地化解了窘境，打破了尴尬，还赢得了皇帝的信赖。

自我嘲弄，并非真的把自己贬得一文不值，它是以退为进之计，是一种不较劲的豁达和幽默，是在玩笑自己不伤害别人的情况下逗笑别人，打破僵局，化解了尴尬和敌意。

2. 自嘲缓和现场气氛

有一次，某军官俱乐部举行盛宴招待会，主宾是一位有名的将军。敬酒时，一位年轻士兵不小心将啤酒洒到了将军光亮的秃头上，士兵吓得魂不附体、手足无措，全场人目瞪口呆。面对颤抖的士兵，将军微笑着说："老弟，你以为这种治疗会有效吗？"在场的人闻言大笑起来，难堪的局面被化解。

1915 年，丘吉尔还是英国的海军大臣。不知他是心血来潮，还是什么原因，突然要学开飞机。于是，他命令海军航空兵的那些特级飞行员教他开飞机，军官们只好遵命。

丘吉尔还真有股韧劲，刻苦用功，拼命学习，把全部的业余时间都搭上了，负责训练他的军官都快累坏了。丘吉尔虽称得上是杰出的政治家，但操纵战斗机跟政治是没什么必然联系的。也可能是隔行如隔山吧，总之，丘吉尔虽然刻苦用功，但就是对那么多的仪表搞不明白。

有一次，在飞行途中，天气突然变坏，一段 16 英里的航程竟然花了

3个小时才抵达目的地。

着陆后，丘吉尔刚从机舱里跳出来，那架飞机竟然再次腾空，一头扎到海里去了。旁边的军官们都吓得怔在那里，一动不动。

原来，匆忙之中的丘吉尔忘了操作规程，在慌乱之中又把引擎发动起来了，望着眼前这一切，丘吉尔也不知所措，好在他并没有惊慌，装作茫然不知似的，自我解嘲道："怎么搞的，这架飞机这么不够意思。刚刚离开我，就又急着要和大海约会了。"

一句话，缓解了紧张的气氛，也让丘吉尔摆脱了尴尬。

在尴尬的场合，运用自嘲能使自尊心通过自我排解的方式受到保护，而且还能体现出说话者宽广大度的胸怀。

当然，大多数人制造尴尬都不是恶意的，而是出于不小心。这时候，如果你过分掩饰自己的失态，反而会弄巧成拙，使自己越发尴尬。而以漫不经心、自我解嘲的口吻说几句取悦于人的话，却可以活跃气氛、消除尴尬。

3. 自嘲融洽人际关系

春节刚过，又是坐公交的高峰期。小涛在公共汽车站等车时，由于惯性挤了一个中年人一下。正当小涛开口准备说"对不起"时，那位中年人却早已愤怒了："猪年才到，就这么拱，要拱到年头，那还不把这站台拱个大洞！"车站等车的乘客顿时爆发出一阵笑声。小涛一听，急了："奇怪，狗年都过了，怎么还乱叫！"这一下，乘客笑得更欢了。就这样，两人你一言、我一语地不停对骂。纵使有人几次劝说都无济于事，这时，小涛心想再这样骂下去和那中年人非动手不可。于是自嘲道："唉，大哥，到底是你比我多吃几年咸盐，你比我幽默，我认输！"小涛这么一说，那个中年人也很不好意思。各给一个台阶下，一场火药味儿十足的对骂就这样被化解了。

俗话说，"巴掌不打自嘲人"。人际交往中，如果双方都得理不饶人，结果必然是两败俱伤。如果一方叫暂停，愿意和平谈判，战争就不会轻易爆发，即使爆发了在还没有产生更大的危害时也遏制了。

不要事事较劲、较真，将自嘲融入我们生活的点滴之中，让我们的生活多一些轻松和宽容，架起人与人之间的心灵之桥，缩短人们彼此的心理距离。自嘲的转角处往往就是转机。

他喜欢什么语言，就用什么语言模式

不知道你有没有留意过，在与他人交流的过程中，人和人的说话方式都是不一样的。有些人说话的速度非常快，而且说起话来眉飞色舞，表达得既形象又生动；而有一些人说话非常注意节奏，其语气抑扬顿挫如同话剧演员一样动听；还有一些人，他们说话的速度偏慢，而且常常陷入思考，因而在他们的谈话和交流中常常出现冷场。

这正是你需要了解的，每个人都有自己熟悉的和感兴趣的语言方式，使用他人熟悉、感兴趣的语言，可以使你迅速和他人建立良好的关系，在你与他人之间将很快形成一个和谐友好的气场。

1. 每个人都有自己的语言模式

《红楼梦》塑造了众多栩栩如生的人物，例如刘姥姥进荣国府时，其席上所说的笑话，逗得贾府上下大笑。

贾母这边说声请，刘姥姥便站起身来，高声说道："老刘，老刘，食量大如牛；吃个老母猪不抬头。"说完，却鼓着腮帮子，两眼直视，一声不语。众人先还发怔，后来一想，上上下下都一齐哈哈大笑起来。湘云撑不住，一口茶都喷出来。黛玉笑岔了气，伏着桌子，只叫"哎哟"。宝玉滚到贾母怀里，贾母笑得搂着叫"心肝"。王夫人笑得用手指凤姐儿，却说不出话来；薛姨妈也撑不住，口里的茶喷了探春一裙子。探春的茶碗也都合在迎春身上。惜春离了座位，拉着她奶母，叫揉揉肠子。地下无一个不弯腰曲背，也有躲出去蹲着笑的，也有忍着笑，上来替她姐妹换衣裳的。独有凤姐鸳鸯二人还撑着，还只管让刘姥姥。

这笑的描写是何等洗练生动、精彩，生动刻画了农村妇人刘姥姥的形象，难怪令人在拍案叫绝之余而深深叹服。

人和人之间的区别是如此之大，以至于你无法完全把每个人认清，但是人的行为模式和思考轨迹，还是有规律可循的。

我们每个人感知世界，都会通过我们的眼睛、耳朵、鼻子、舌头以及我们的身体，去感知和接收外来的信息，去看、去听、去闻，去尝试和感知。人体外在的感知器官很丰富，但是人体的大脑内部，处理信息的系统只有三个部分，那就是内视觉、内听觉和内感觉。它们共同处理着人类大脑对外部信息的思考，嗅觉、触觉和味觉在这三个不同的外感官所接收到的信息，在大脑内部统一由内感觉处理系统来处理。

比如开头提到的：有些人说话速度很快，而有些人说话又特别慢，假设你平时就是说话速度非常快、思维跳跃性较大的人，和说话慢条斯理且常常冷场的人打交道你会感到压抑和别扭。

2. 思考与发言类型

人类的思考和发言类型可以分为三种：视觉型、听觉型和感觉型。大多数时候，人们根本不知道自己是用哪种方式进行沟通或者处理这些数据，因为这些行为都是在潜意识下自动运行的。看到这里，你可能会产生疑问：如果我是视觉型的，难道我的耳朵就没有起作用吗？

答案当然是否定的。没有任何一个人只会采用一种方式而完全将另外两种方式所摒弃，我们的大脑会随着外界的刺激而自动地在三种方式中不断地转换。但人们都有一个"优先采用的系统"，那就是我们上面所说的视觉型、听觉型、感觉型三种方式之一，这就是人类的行为思考模式。当我们用这种方式来处理这些信息的时候，我们就会感到特别舒畅和愉悦。

当你认识到了人与人之间的差别，你会更加了解人与人之间的差异来自哪里，人与人之间的隔阂如何打破——要学会辨认和识别他人的内感觉，学会掌握有关的知识和技巧，对你和他人的人际交往大有裨益。

（1）视觉型的人。视觉型的人说话语速会比其他人快很多，往往说起话来像连珠炮似的，他的第一句还没有讲完，第二句马上又跟过来。并且视觉型的人非常喜欢用以下的一些词语：看到、看、出现、出来、注意、注视、想象、前景、样子、看起来、清晰、光明，等等。他使用的词汇都和视觉有关。

这样的人往往性格开朗、行动快速，同时兼顾很多事。他喜欢直观的东西，所以他使用图片和照片多于文字；他说话简洁、开门见山，喜欢干净整齐的环境；他对人的外表往往特别重视。

所以和他交往，你一定要注意，说话要直观、简洁，多使用图片，采取他喜欢的方式，采取他喜欢的词汇。你可以问他：

这个看起来怎么样？

你看呢？

看起来如何？

你看看是不是这样？

让他看到比什么都重要。

与视觉型的人沟通时，你必须记住：视觉型的人是"通过眼睛去生活的"，一切都以视觉为主导。当你与他交往的时候，也要照顾到他眼睛的需要，针对他设计出他喜欢的发言和行为模式去配合他。视觉型的人相信"耳听为虚，眼见为实"，你与他沟通的时候也要格外注意这一点。

视觉型的人较难长时间集中注意力，因此你要注意和他说话时应简明扼要，多形容而不是叙述。在与他沟通的过程中，不要使用大段的文字，说话的时候最好配合手势，然后多运用视觉手段，如手势、表演、相片等，有时需要用视频。记住：要直观地让他看到，他才会理解和相信。

线条和色彩变化等看起来非常有视觉性的事物比较吸引他，当你希望他明白什么，少讲道理，亲自做出示范，效果将事半功倍。

（2）听觉型的人。听觉型的人对于环境的安静要求相对于其他人来说比较高，他与人沟通的时候，脑袋常常会侧向着与他说话的人。听觉型的人对文字更加敏感，话也多，他讲起来内容详尽，使人感觉绘声绘色。听觉型的人工作时喜欢听音乐，常有富于节奏感的身体语言。他非常讨厌吵闹的环境，给他一个安静的听觉环境，他会觉得更舒适。

听觉型的人常常会使用以下的词语：听起来、听听、听说、好像听到、动静、协调、动听、表态、节奏、旋律、告诉、说说。他常常会说，你说来听听；听说了一件事情；你来告诉我怎么回事；没什么好说的了。

（3）感觉型的人。感觉型的人举止稳重、动作缓慢、不在乎是否好看或好听，他重视人际关系，喜欢人与人之间的感情交流，他希望被人关怀和尊重，注重感受。

感觉型的人说话声音常常显得低沉而缓慢，他说一句话时，往往要停顿一下，思考后才说第二句。他的这种停顿不是像电视里的领导开会时，领导一定要讲完了一句用眼神巡视一下再讲下一句的那种停顿，而是很自然地讲完了，他好像要找到说话的感觉后，才能继续讲下一句似的。他做事情的节奏，也会相对较慢。他看起来比较放松，坐在椅子上往往像陷在椅子里一样，喜欢穿较为宽松的衣服。他的手势会比较少，而且会很慢。

感觉型的人非常喜欢触摸，他购买东西一定会多多感受质地，他去买衣服就一定是亲自摸摸，他需要详细感受一下质地、材料和手感等，感觉型的人相对来说也更加喜欢身体上的接触。感觉型的人很好分辨，他比较喜欢用的词语是：感觉、感到、觉得、好像、舒服、不舒服、触觉、摸起来、引导、强硬、柔和、掌握。他喜欢说的话是：我觉得；我感觉到这件事不太好；我认为；我感到不好；我的想法是；让我先感受一下。

顾左右而言他的智慧

石玲的女儿2岁半了，和妈妈感情最好。一天晚上睡觉前，妈妈和爸爸逗她玩："宝贝儿，妈妈和爸爸你最喜欢谁呀？"石玲满怀期待地看着女儿。

小家伙回答："我最喜欢爸爸妈妈。"

石玲不甘心，继续问道："那我和爸爸你最不喜欢谁呀？"爸爸此时有点儿紧张了，等着女儿会怎样回答。

谁知小家伙想了几秒之后说："我最不喜欢大灰狼。"

在许多交际场合或人际关系中，人们往往会碰到一些难以回答或具有挑衅性的问题。在这种特定的情势中，既不能用尖锐的语言反唇相讥，又不能用保持沉默来消极回应。这时不妨以某种非逻辑的巧妙方式来作答。

一次记者招待会，周总理介绍我国建设成就。一位西方记者问："请问，中国人民银行到底有多少人民币？"这个问题既不能厉声拒答，伤了和气，又不能直言相告，泄露国家机密。

周总理略加思索，微笑着说："有18元8角8分。"

在场的人全都愕然。

总理解释说："中国人民银行发行的面额为10元、5元、2元、1元、5角、2角、1角、5分、2分、1分的10种主辅人民币，合计为18元8角8分。"

出席招待会的中外嘉宾，听了无不点头称是，无不佩服周恩来总理过人的应变能力和高超的语言艺术。

按人之常情与世之常理，对于友好的邀请，欣然接受显然胜于断然拒绝。但是，鉴于生活的复杂性，有时却偏偏不能应允，那么，该怎么办？

请看庄子《秋水》中关于神龟的故事：

一次，庄子正在河边悠然地钓鱼，突然来了两位楚王的使臣，他们恭恭敬敬地对庄子说："先生，我们大王想请您到朝廷做官，您同意吗？"庄子无意当官，直截了当地拒绝又有失礼貌，于是做了一个这样的回答：

"我听说楚国曾有一神龟，已死去三千多年了。大王对它十分敬仰，用精美的竹器盛着，上面还盖着极华贵的丝巾，高高地供在庙堂之上。不过有一点我搞不明白，你们替我说说看，那就是，在那只龟自己看来，究竟是死了后被人把骨头当作宝贝高高地供起好呢，还是像生前那样快活地生活在泥里摇头摆尾好呢？"两位使者不假思索地回答："当然是快活地在泥里摇头摆尾好呀！"庄子听了也立即答道："那么二位请回，且容我继续在泥里摇头摆尾吧！"

请注意这段妙答，既是温暖的又是明确的，即便是拒绝，也拒绝得礼貌得体。

装糊涂是答非所问的一种，即回答别人的问题时，利用语言的歧义性和模糊性，故意错解对方的话意，说东答西。这种说话方式通常能产生特别的幽默感，出奇制胜。

美国前总统威尔逊任新泽西州州长时，曾接到电话，说他的一位朋友——新泽西的议员去世了。威尔逊悲痛不已，立即取消了当天的一切约会。几分钟后，一政客打来电话："州长，"那人支支吾吾地说，"我，我希望能代替那位议员的位置。"

"好吧，"威尔逊对这种迫不及待想当议员的态度感到恶心，他慢吞吞地回答说，"如果殡仪馆没有意见的话，我本人完全同意。"

那位打电话的政客所说的要代替的"位置"，自然是政治地位，对于这一点，威尔逊当然不可能不知道，他故作无知把政客所要代替的"位置"利用语言的歧义说成是"死人躺下的地方"，弄得对方啼笑皆非，有力地嘲弄了钻营者。

有个人拿了一份诗稿到报社要求发表，编辑看后说："这诗是你写的吗？"那人毫不脸红地说："是的，每一句都是我写的。"编辑装得很认真地说："拜伦先生，看到您很高兴，我以为你已经死了一百多年了。"

面对抄袭拜伦的诗作且厚颜无耻者，如果编辑直截了当地说："你这首诗是抄拜伦的，我们不能发。"那就显得太平淡。这位编辑对抄袭者所言看似疯话，实则颇具幽默意味，对抄袭者从精神上人格上都进行了辛辣的挖苦，同时也体现了这位编辑极深的文化涵养。

有个爱缠人的先生盯着小仲马问："您最近在做些什么？"

小仲马平静地答道："难道您没看见？我正在蓄络腮胡子。"

小仲马表面上好像是在回答那先生，其实并没给他什么有用的信息。他意在暗示那位先生，不要再纠缠了。

在谈判中利用这种幽默技巧也能起到让对方摸不清己方虚实的作用，从而赢得谈判的主动权。

高明地倾听与插话，步步为营效果佳

语言交流过程中，倾听和插话是两个互相补充、互相配合的部分。二者进行得是否艺术，直接关系到交流的成败。

那么，在倾听过程中如何插话，才能达到最佳的交谈效果呢？

1. 附和地倾听

多听别人说，自己才能了解到对方更多的信息。然而，不是每个人都懂得倾听的艺术，尤其是说服对方的时候，仅仅靠倾听就完全不够了，更重要的是要会适时附和对方。不信，看看下面的例子就知道了。

有人做过这样一个实验：

实验者让学生表现出一副心不在焉的样子，结果上课的教授照本宣科，不看学生，无强调，无手势；让学生积极投入——倾听，并且开始使用一些身体语言，比如适当的身体动作和眼睛的接触。结果教授的声调开始出现变化，并加入了必要的手势，课堂气氛活跃起来。

由此看出，当学生表现出一副心不在焉的样子，教授因得不到必要的互动而变得满不在乎起来。当学生改变态度，用心去倾听时，其实是从一个侧面告诉教授：你的课讲得好，我们愿意听。这就是无声的赞美，并且产生了积极的效果。

从上面的例子也可以看出，倾听时加入必要的身体语言，是非常有效的。

行动胜于语言。身体的每一部分都可以显示出激情、赞美的信息，可增强、减弱或躲避、拒绝信息的传递。善于倾听的人，是不会做一部没有生气的录音机的，他会以一种积极投入的状态，向说话者传递"你的话我很喜欢听"的信息。

倾听者可以做一些"小动作"。

身体稍微前倾，表示你对说者的尊敬；正向对方而坐，表明"我们是平等的"，这可使职位低者感到亲切，使职位高者感到轻松。自然坐立，手脚不要交叉，否则会让对方认为你傲慢无礼。

倾听时和说话人保持一定的距离，恰当的距离给人以安全感，使说话者觉得自然。动作跟进要合适，太多或太少的动作都会让说者分心，让他认为你厌烦了。正确的做法是应该跟说话者保持同步，这样，说话者一定会把你当作知心朋友。

倾听并不意味着默默不语，除了做一些必要的"小动作"外，还得动一动自己的嘴。恰当的附和不但表示了你对说者观点的赞赏，而且还对他暗含鼓励之意。

在入神地倾听别人谈话时，你已经把你的心呈现给对方，让对方感受到了你的真诚。

我们倾听别人的时候，也就是我们设身处地地理解他们的幸福、痛苦与欢乐的时候，使我们能够把对方的优点和缺点看得更清楚。而这些结论再通过我们有效的附和来传达到对方心里，这才能算是一次完美的交流。

2. 给别人说话的机会

有一个人到新单位一段时间了，连一个朋友也没有，他自己也搞不清是什么原因。

原来，这个人认为自己正春风得意，对自己的机遇和才能很满意，几乎每天都使劲向同事们炫耀他在工作中的成绩，炫耀每天有多少人找他请求帮忙。但同事们听了之后不仅没有人分享他的"得意"，而且还极不高兴。

后来，还是他的老父亲一语点破，他才意识到自己的症结到底在哪里。以后，每当他与同事闲聊的时候，他总是让对方把自己的得意之事说出来，与其分享，久而久之，同事们都成了他的好朋友。

生活中，与人相处一定要谨记——不要一味地说自己的得意事，要留给对方说话的机会。

诚然，人在得意之时难免有张扬的欲望，但是谈论你的得意时，要注意场合和对象。你可以在演说的公开场合谈，对你的员工谈，享受他们投给你的钦羡目光，也可以对你的家人谈，让他们以你为荣。

随意自夸是不善做人者的通病，为此常会败事。只有改变这一点，不被人讨厌，才有可能真正被人接纳，找到成事的"切入点"。

第七章

找准时机，
妙语连珠字字千金

会听话，更要会适时说话

适时说话，就是说在该说时，止在该止处。可有的人在社交场上该说时不说，他们见面时不及时问候；分手时不及时告别；失礼时不及时道歉；对请教不及时解答；对求助不及时答复……

反之，有的人该止时不止。他们在热闹喜庆的气氛中总唠唠叨叨诉说自己的不幸；在别人悲伤忧愁时嘻嘻哈哈开玩笑；在主人心绪不安时仍滔滔不绝发表宏论；在长辈家里乐不可支地详谈"马路新闻"。

我们不妨设想一下，假如你在社交中遇见了上面这种人，你会对他产生什么样的印象呢？我们不要做这种人，要学会适时说话。

1. 找机会开口

战国时期，安陵君备受楚王恩宠，当时有门客江乙见安陵君，对他说："您在楚国身居高位，享受厚禄，这是为什么呢？"安陵君回答说："这是因为楚王的提拔和信任。"江乙说："用金钱与别人结交，当金钱用完了，交情也就断绝了；用美色与别人交往，当美色衰退了，爱情也就消失了。所以，爱妾床上的席子还没有睡破，就被遗弃了；宠臣的马车还没有用坏，就被罢黜了……您现在虽然很受楚王信任，但我非常为您担忧。"安陵君说："那该怎么办呢？"江乙说："希望您一定向楚王请求随他而死，这样，您在楚国必能长期受到尊重。"安陵君说："谢谢您的教导。"

三年过去了，安陵君仍然没有说什么。江乙又去求见，面色不悦，说："您既然不采纳我的意见，我从此就不再见您了！"安陵君说："我实在不敢忘记先生的教导，只因没有遇到好机会啊！"

正在此时，楚王到云、楚地区去游猎，车马成群结队，络绎不绝。忽然，一头犀牛受惊了，发了狂似的朝车队直撞过来。楚王拉弓搭箭，一箭便射死了犀牛，于是笑道："今天实在太痛快了！可是，百年之后，我又能和谁一道享受这种快乐呢？"安陵君上前对楚王说："我在宫内和大王挨席而坐，出外和大王同车而乘，大王百年之后，我愿随从而死，在黄泉之下也做大王的席垫，以免蝼蚁来侵扰您，有什么比这更快乐的呢！"楚王听了大喜，就正式封他为安陵君。

江乙无疑是善于出谋划策的高手，但安陵君的智慧在于善于把握时机，他知道什么时候该说什么话。"好钢要用在刀刃上"，安陵君的这番话恰恰说在了最合适的时机。

唯有将话说到最合适的时候，才称为将话说到点子上。安陵君特意等在楚王偶然射死犀牛，心怀大畅又略带伤感的时候表达自己的忠诚，这就显得自然而然、水到渠成。而楚王正在感怀之际，听闻安陵君的一番话，自然更加引为忠臣，楚王对安陵君大加赞赏也就不奇怪了。

表忠心的机会不是不多，安陵君能够为寻找时机而把话足足憋了三年，时机找不到，他就不开口说这话。

2. 不要只顾自己说

人们总是喜欢夸夸其谈显示自己的博学和优秀口才，的确，一个极具表达能力又善于表达的人容易受到别人的倾慕，但是，如果你想赢得别人的信任，就不要只顾自己说。

有一次，卡耐基在一个朋友举办的桥牌晚会上，与一位女士聊天。这位女士知道他刚从欧洲回来，于是就对他说："啊，卡耐基先生，你去欧洲演讲，一定到过许多有趣的地方，欧洲有很多风景优美的地方，你讲给我听听好吗？要知道，我小时候就一直梦想着去欧洲旅行，可是到现在我都不能如愿。"

卡耐基一听这位女士的开场白，就知道她是一位健谈的人。卡耐基知道，让一位健谈的人长久地听别人的长篇大论，心中一定憋着一口气，而且很快就对你的讲话失去兴趣。刚到场时卡耐基就听朋友介绍过她，知道她刚从南美的阿根廷回来。阿根廷的大草原景色秀丽，到那个国家去旅游的人都要去看看的，她肯定会有自己的一番感受。

于是卡耐基对那位女士说："是的，欧洲有趣的地方可多了，风景优美的地方更不用说。但是我很喜欢打猎，欧洲打猎的地方只有一些山，很危险的。就是没有大草原，要是能在大草原上边骑马打猎，边欣赏秀丽的景色，那多惬意呀……"

"大草原，"那位女士马上打断卡耐基的话，兴奋地叫道，"我刚从南美阿根廷的大草原旅游回来，那真是一个有趣的地方，太好玩了！"

"真的吗，你一定过得很愉快吧。能不能给我进一讲大草原上的风景和动物呢？我和你一样，也梦想到大草原去。"

"当然可以，阿根廷的大草原可……"那位女士看到面前有这么好的一个倾听者，当然不会放过这个机会，滔滔不绝地讲起了她在大草原的旅行经历。然后在卡耐基的引导下，她又讲了布宜诺斯艾利斯的风光和她沿途旅行的国家的风光，甚至到了最后，变成了她对自己这一生去过的美好地方的追忆。

卡耐基在一旁一直耐心地听着，不时微笑着点点头鼓励她继续讲下去。那位女士一直讲了足足有一个多小时，直到晚会结束，她才余意未了地对卡耐基说："卡耐基先生，下次见面我继续给你讲，还有很多很多呢！谢谢你让我度过了这样美好的一个夜晚。"

卡耐基在这一个小时中只说了几句话，然而，那位女士却向晚会的主人说："卡耐基真会讲话，他是一个很有意思的人，我非常愿意和他在一起。"

卡耐基知道，这位女士心里真想将自己所知道的一切全都讲出来，如果别人愿意听的话。

从心理学的角度讲，自己适时说话让沟通得以持续，会使对方心情愉快，会换来对方的理解和信任；会使对方吐露出内心的苦恼或喜悦；最重要的，它还使说话者感觉到自身价值，从而满足对方渴望被重视的心理，双方的交往也因此变得愉快。

我们经常见到这样的人，很多人在一起时他都会坐到角落，从来不主动发言。安排什么他就做什么，他很少主动和别人交流。这样的人让人感觉踏实，但却很难讨得别人的欢心。主要是，他们不懂得适时说话的重要性。

面对陌生和不熟悉的面孔，要想让大家在短暂的会面中记住你、接纳你、依赖你，需要你有一定的说话技巧。

学会适时沉默

常常见影视中的人们有面对面微笑地沉默、面对面含泪地沉默、面对面凝视地沉默、面对面思考地沉默，尽管此时此刻没有声响、没有言表，但是荧屏前的观众都明白那是什么情节、是什么意思。用行话说，那叫影视语言。

影视文学是反映生活的，那么生活中的沉默不是也应该被视作一种发言吗？有人说，沉默是金。

在谈话过程中，沉默具有丰富的内涵，作用也十分明显。沉默可以避免冲突升级。当人们因被拒绝而致使双方产生冲突时，一方保持沉默，即使有理也暂时不争，以免火上浇油，使冲突进一步升级。这样既维护了对方的尊严，又避免了矛盾激化。沉默也可以用来做暗示性表态。

1. 用沉默赢得支持

适当地保持沉默，可以引起对方的好奇心和信赖感，这无疑是一种很好的方法。

美国前总统尼克松就善于用"沉默"赢得公众的支持。

1960 年美国总统的选举，尼克松和肯尼迪是一对竞争激烈的对手。尼克松其时任副总统之职，在开始时占绝对的优势，但选举的结果是肯尼迪扭转了形势，获得胜利。

1968 年，尼克松再次竞选美国总统，他汲取上次失败的教训，想要彻底改变形象。他所采用的技巧之一就是沉默。

这次的选举对尼克松来说，形势远比上次艰难，因为他首先必须打败洛克菲勒等强劲的对手，取得共和党的提名。所以尼克松在迈阿密的共和党大会中，尽量保持沉默稳重，表现得对自己很有信心。他说话时，除了强调"法和秩序"以及"尽力达到完美境地"外，绝口不提其他具体的策略，希望能借沉默战略，给人以可信赖感，彻底改变他的"败犬尼克松"的形象。结果，他成功了，他不仅以微弱的优势获得共和党提名，而且在总统大选中，大败民主党对手，荣登美国总统宝座。

在人们的印象中，大家认为说服应当凭借好口才，用语言攻势，打败对方，让人信服。其实不然，偶尔采取沉默战术同样可以达到吸引对方的效果。

沉默可以引起对方注意，使对方产生迫切想了解你的念头。沉默是人们表达力量，并使自己处于主动地位的一种技巧。

当然，沉默绝不是要一味地沉默，而是当说则说，不当说则不说，把握好分寸。有些时候、有些场合，不该说话的时候，你说了，这是角色错位；该你说话的时候，你又不说了，这只能说明你肚里没有干货，也就只能让别人小看你了。

老子说："不自伐故有功，不自矜故长。"意思是，不自我夸耀，反而能见功效；不恃才傲物，反而能做领导。自己夸自己是没用的，你有功绩，周围人自然看在眼里。

2. 沉默也能表明态度

下面我们来看一个利用沉默成功说服他人的例子。

日本一家著名的电机制造厂召开管理员会议，会议的主题是"关于人才培育的问题"。会议一开始，山崎董事就提出自己的意见："我们公司根本没有发挥人才培训的作用，整个培训体系形同虚设，虽然现在有新进职员的职前训练，但之后的在职进修却成效不显著。职员们只能靠自己的摸索来熟悉工作情况，很难与当今经济发展的速度衔接在一起，因而造成公司职员素质普通低下、效益不高。所以，我建议应该成立一个让职员进修的培训机构，不知大家看法如何？"

"你所说的问题的确存在，但说到要成立一个专门负责培训职员的机构，我们不是已经有这种机构了吗？据我了解，它也发挥了一定的功用，我认为这一点可以不用担心……"社长说。

"诚如社长所说，我们公司已经有组织，但它并没有发挥实际作用。

实际上，职员根本无法从中得到任何指导，只能跟着一些老职员学习那些已经过时的东西，这怎么能够将职员的业务水平迅速提升呢？而且我观察到许多职员往往越做越没有信心、越做越没干劲。所以，我认为它的功能不佳，所以还是坚持……"山崎不卑不亢地说。

"山崎，你一定要和我唱反调吗？好，我们暂时不谈这个话题，会议结束后，我们再做一番调查。"社长有些生气。

就这样，一个月后公司主管们重新召开关于人才培训的会议。这次社长首先发言。

"首先我要向山崎道歉，上次我错怪他了。他的提案中所陈述的问题确实存在。这个月我对公司培训进行了抽样调查，结果发现它竟然未能发挥应有的功效。因此，今天召集大家开会是想讨论一下应该如何改变目前人才培育的方法，请大家尽量发表意见吧！"

社长的话一出口，大家就开始七嘴八舌地提出建议，但令人奇怪的是，这一次山崎董事始终一语不发地坐在原位，安静地聆听着大家的意见，直到最后他都没说一句话。

会议结束以后，社长把山崎董事叫进社长办公室详谈："今天你怎么啦？为什么一句话也不说？这个建议不是你上次开会时提出来的吗？"

"没错，是我先提出来的。"山崎说，"不过上次开会我把该说的都说了，其实那无非是想引起社长你对这个问题的重视罢了。现在目的已经达到，我又何必再说一次呢？还不如多听听大家的建议。"

"是吗？不错，在此之前我反对过你的提议，你却连一句辩解也没有。今天大家提出的各种建议都显得很空洞，没有实际的意义，反倒是你的沉默让我感到这个问题带来的压力。这样吧，这件事就交给你去办好了！今天起由你全权负责公司的人才培训工作。请好好努力吧！"社长终于交底了。

"是，谢谢您对我的信任，我一定会努力把这件事做好！"山崎说。

上面这个例子是个典型的沉默说服法的案例。如果你真能适时地利用沉默，有时发挥的作用可能反而要比说话大得多。

沉默是一种态度。中国有句古话："不言之言。"还有句俗话："雄辩是银，沉默是金。"都说明保持沉默也能达到说服的效果。

许多谈判高手经常用"沉默"这一策略来击败对手。他们可以制造沉默，也有方法打破沉默。当然，沉默并不是简单的一味不说话，而是一种成竹在胸、沉着冷静的姿态，尤其在神态上表现出一种运筹帷幄、决胜千里的自信，以此来逼迫对方沉不住气，先亮出底牌，从而达到自己的目的。

3. 沉默平息争斗

生活中，高明的人懂得"止戈为武"的道理，"武"字是止戈两字合成的，不用武力而使对方屈服，才是真正的武功。武的最高境界是止戈，而做人的最高境界是在不显山露水中就赢了周围的人。不管对方怎么出招就是不搭理，遇到这样的人，再厉害的对手也会没有脾气。

某机关有一个女职员，平日只是默默工作，话并不多，和人聊天，总是微笑着。

有一年，机关里来了一个好斗的女职员，很多同事在她的攻击之下，不是辞职就是请调。最后，她的矛头终于指向了一贯沉默的女职员。某日，这位好斗的女职员抓到了那位一贯沉默的女职员的"把柄"，立刻点燃火药，噼里啪啦。但那位女职员只是默默笑着，一句话也没说，只偶尔说："啊？"最后，好斗的女职员主动鸣金收兵，气得满脸通红，一句话也说不出来。

过了半年，这位好斗的职员请调了。

这就是沉默的力量。面对沉默，所有的语言力量都消失了。

只要有人的地方，就会有争斗。你可以不去攻击对方，但保护自己的"防护网"一定要有，而沉默有时是最厉害的武器。

又聋又哑的人听不懂别人的话，自然也不会加入争斗，而别人自然也不会和他们争斗，因为这是徒劳。但大部分人都不聋又不哑，一听到不顺耳的话就会反击，其实一反击就中了对方的计，若不反击，他自然就觉得无趣了。如果他一再挑衅，只会凸显他的好斗与无理取闹，因此面对你的沉默，这种人多半会在几句话之后就仓皇地"且骂且退"，主动离开。

不过，要"作哑"不难，要"装聋"才不易，因此也要培养对他人言语"入耳不入心"的功夫，否则心中一起波澜，就会反击他人。

在和别人交往时，能做到适时沉默，以不变应万变。

先不要争论，关键时说出关键话

当今社会，要想成为会说话的人，可不是简单的事。话说好了，人人青睐；话说不好，分分钟打入"冷宫"。要想把话"说"好，那可是一门大学问。少废话、不紧张，句句说到点子上那才是真本领。

一旦陷入了顶撞式的争辩旋涡中，最佳的方法是绕开它、避开它，不要去争论。针锋相对、咄咄逼人的争辩也只能屈人口，不能够服人心。那些被你的雄辩逼迫得无话可说的人，心里并不是完全服从了你。他们只是一时服从你的言论，事实上仍然认为自己是对的。

永远不要指望仅仅以口头之争，就可改变对方的思想和成见。如果你争强好斗，坚持争论到最后，虽可暂时获得表演胜利的自我满足感，但并不可能真正令对方产生好感，争论是最没有意义的事情。

在特定的环境下，关键的一句话具有十足的说服力，尤其是当听到别人谈论自己的时候。很多人容易犯这样一个错误：一旦别人谈到自己时，尤其是不利于自己的情况时，往往会打断别人，进行争论。其实，这是最不明智之举。

1. 不能一直沉默

伊利亚·爱伦堡的长篇小说《暴风雨》出版后，在社会上引起震动，褒贬不一，莫衷一是。某报主编不知从哪里了解了斯大林对《暴风雨》有看法，说是"水杯里的暴风雨"。

显然该书应该被批判。为了讨好领导，该报就组织编辑部讨论这部小说，批判该小说，表明其鲜明的立场。

讨论进行数小时，发言人提出不少批评意见。由于主编的诱导，每个人的言辞都很尖刻，如果批评成立的话，足以让作家坐几年牢。可是在场的爱伦堡极为平静，他听着大家的发言，显出令人吃惊的无动于衷，这使与会者无法忍受，纷纷要爱伦堡发言，从思想深处批判自己的错误。

在大家的再三督促下，爱伦堡只好发言。他说："我很感谢各位对鄙人小说产生这么大的兴趣，感谢大家的批评意见。这部小说出版后，我收到不少来信，这些来信中的评价与诸位的评价不完全一致。这里有封电报，内容如下：'我怀着极大兴趣读了您的《暴风雨》，祝贺您取得了这么大的成就。斯大林。'"

主编的脸色很难看，以最快的速度离开会场，那些批判很尖刻的评委，也纷纷离开了。爱伦堡轻轻地摇摇头："都怨我，这么过早地发言，害得大家不能再发言了。"

爱伦堡的聪明在于，如果他据理反驳，必能激起同人们更加尖锐的批评，这种场合，最明智的做法就是先保持沉默，褒贬随人，等众人将注意力转移到自己时，再拿出充足的证据。

在职场上，如果同事批评或者谈论你时，你不必急于否认或者急于表现自己。于是有人问，如果他们批评得不对，明明自己是被冤枉的，还不申冤那不就显得自己太窝囊了吗？如果你真是被冤枉的，大家都在七嘴八舌地指责你，你当场据理力争就只会让自己陷入更深一轮的语言轰炸中，非但不能洗刷冤屈，还会让他们更加"团结"起来打击你。

所以，此时的沉默很重要。沉默的力量是巨大的，它可以帮你说服反对你的人，让你向成功迈进。当然也不是让你一直保持沉默，只是等其他人都已经批评累了，没有兴致的时候，你再适时回击。这样，一来别人已经无暇继续反驳你，二来你也可以替自己洗刷冤屈。

2. 言语要点到为止

言语要简明扼要。如果话讲多了，会起到相反的作用，令对方反感，产生事与愿违的后果。点到为止才是最佳方案。

晏子是齐国一位善谏的大臣。在他去世 17 年后，齐景公有一次请大夫们喝酒。酒后，景公射箭射到了靶子外面，满屋子的人却众口一词地称赞他。景公听后变了脸色，并叹了口气，把弓丢在一旁。

这时，弦章进来了。景公说："弦章，自从我失去晏子到现在已经有 17 年了，从来没有听到别人对我过失的批评。今天我把箭射到了靶子外，他们却众口一词赞美我。"

弦章说："这是那些大臣不好。他们本身素质不高，所以看不到国君哪些地方不好；他们勇气不够，所以不敢冒犯国君的尊严。但是，您应该注意一点，我听说：'国君喜欢的衣服，那么大臣就会拿来替他穿上；国君喜欢的食物，大臣就会送给他吃。'像尺蠖这种虫子，吃了黄颜色的东西，它的身体就要变黄，吃了绿颜色的东西，它的身体就要变绿，作为国君大概总会有人说奉承话吧！"

弦章的话在景公听来颇有道理，明白了奉承者不过是投自己所好，如果自己对奉承话深恶痛绝的话，就很少会有人来讨好了。

弦章虽未直接进一步批评景公喜欢听奉承话才造成如此局面，但景公已深刻领悟到了这一点，事实上，若弦章再画蛇添足地批评景公一番，效果反而不如点到为止好。

在与人交往的过程中，如果想指出对方的错误，可以选择这种点到为止的方式。既不使对方感到难堪，又能理解你的用意。人都是通情达理的，只要能照顾对方的自尊心，对方通常都不会固执己见。

在现实生活中，人们普遍存在吃软不吃硬的心态。特别是那些性格刚烈、很有主见的人，你如果说硬话，比如用命令的口吻，对方不但不会理睬，说不定比你更硬；因此，说话不妨点到为止，给对方留一条退路。

3. 话要说到点子上

出色的口才不仅要求口齿伶俐、思维敏捷，还要求语言要有逻辑性，把话说到点子上。不少人在与客户的沟通过程中，甚至陷入与客户的争辩中，这样只会错失生意。我们不妨看看下面这位销售员是如何做的。

销售人员："先生，中学是最需要开发智力的时候，而我们公司开发的游戏软盘对您孩子的智力提高一定有很大的帮助。"

客户："我们不需要什么游戏软盘。孩子都上中学了，哪敢让他玩游戏呢？"

销售人员："这个游戏卡是专门针对中学生设计的益智游戏，它把游戏与数学、英语结合在一块儿，绝不是一般的游戏盘。"

客户："游戏与学习结合在一起？"

销售人员："对，现在是知识爆炸的时代，不再像我们以前那样只是从书本上学知识了。您不要以为玩游戏会影响学习，以为这个游戏盘是害孩子的，好的游戏盘也可以成为孩子学习的重要工具。"

客户："想法倒不错。"

销售人员："现在的孩子真幸福，一生下来就处在一个开放的环境中。家长们为了孩子的全面发展，往往投入了很大的精力。刚才有好几位家长都订购了这种游戏卡，家长们都很高兴有既能激发孩子学习兴趣，又使家长不再为孩子玩游戏而烦恼的产品，还希望以后有更多的系列产品呢！"

客户："多少钱一个呀？"

案例中，当客户认为玩游戏会影响孩子的学习时，推销员把自己的游戏软盘与中学生的智力开发问题联系起来，并且把游戏软盘定位于帮助孩子学习的重要工具。我们知道，家长非常重视孩子的学习和智力开发，推销员这样说就说到点子上了，说到客户心里去了。果然，客户被打动了，交易做成了。

在这个案例中，推销员充分发挥了自己形象思维的优势，巧妙地运用了口才艺术，一步一步循循善诱，吸引了客户的注意力，激发了客户的购买欲。可见，推销员要取得很好的销售业绩，就必须摸透客户的心理，把话说到点子上。

说话要转个弯儿，把道理讲明白

在现实交流当中，说话的双方都希望对方能对自己实话实说。但是在某些特定的场合下，如顾及面子、自尊，以及出于保密等，实话实说就会令人尴尬、伤人自尊。但是实话又不能不说，这种时候就需要转着弯儿说话了，让人觉得顺耳，又能够欣然接受。

1. 实话也要巧说

《战国策》记载的《触龙说赵太后》，是实话巧说的典范。

赵太后刚刚执政，秦国就趁此进攻赵国。赵太后向齐国求救希望得到帮助。齐国一定要用长安君来做他们的人质，才能派出援兵。赵太后不答应，大臣们都纷纷极力劝谏。太后就公开地对左右亲近的大臣说："有谁还敢再说让我的长安君去做人质，我就一定往他脸上狠吐唾沫！"

触龙坚持去进谏太后，太后气冲冲地等着他。触龙缓慢地挪动着沉重的脚步，但是又做出大步走的姿势，到了太后面前就谢罪说："老臣脚有多年的毛病，不能快走，许久没来看望您老人家了，又总是担心太后的凤体有什么不舒服，所以特此来看望您。"

太后说道："我是全靠坐车子来行动的。"触龙问道："您每天的饮食量该不会有所减少吧？"太后说道："吃一点点稀粥罢了。"触龙说道："我近来也不想吃东西，自己只好勉强走上三四里的路，慢慢地食欲就增加了，身体也感到比以前好多了。"

太后说道："我是做不到的。"太后脸上的怒色也稍微消解了一些。

触龙说道："舒祺是我的儿子，年龄很小，还不能够成才；而我已经年迈，私下比较疼爱他，臣希望能让他递补卫士的职位，来保卫王宫。我冒着死罪禀告太后。"

太后说道："可以。多大了？"

触龙说道："刚十五岁。年纪尚小，希望在我还没入土前就托付给您。"

太后说道："难道男人也疼爱小儿子吗？"

触龙说道："当然会，而且比妇女还厉害呢。"

太后笑着说道："妇女肯定厉害。"

触龙回答道："臣个人认为，您疼爱燕后就超过了疼爱长安君。"

太后说道："您错了啊！不像疼爱长安君那样的。"

触龙说道："父母疼爱子女，就会为他们考虑得长远一些。当年您送燕后出嫁的时候，紧紧握住她的脚后跟为她远嫁而伤心哭泣，也是相当的可怜了。她自从出嫁了之后，您也是非常想她的，可是在您祭祀时，一定会为她祈告说：'千万不要回来啊。'难道这不是在为她做长远打算吗？希望她能够生育子孙，一代一代地做国君吗？"

太后说道："是这样的。"

触龙说道："从老臣这一辈往上推到三代以前，一直到赵国建立时，赵王被封侯的子孙的那些后继人还有健在的吗？"

赵太后说道："没有了。"

触龙说道："不仅仅是赵国，其他的诸侯国君被封侯的子孙，他们的那些后人还有健在的吗？"

赵太后说道："我是没听说过的。"

触龙说道："在他们中，祸患来得早的就降临在自己头上，祸患晚来的就都降临在子孙后代的头上。再说国君的后代就一定不幸吗？那是因为他们的地位高而没有功勋，俸禄多而没有成绩，却拥有很多的珠宝！现在您已经把长安君的位置升得很高，又送给他数不清的土地，还给他不少象征权力的器具，而现在正是他立功的好机会，假如您不在了，长安君又凭借什么在赵国立足呢？我个人认为，您为长安君所做的安排太缺乏远见了，因而我认为您疼爱他不如疼爱燕后多一些。"

太后说道："嗯，那就依你的意思去做吧。"

于是，触龙为长安君准备了一百辆车子，护送他到齐国去做人质。齐国的救兵随即出动。

触龙跟赵太后的这段谈话，运用了相当多的说话技巧。触龙的目的相当明显——要劝赵太后。但当他见到赵太后的时候，并没有直截了当地说让长安君做人质的事，而是拿一些话来做铺垫。

触龙这位忠心为国、善于进谏的老臣，希望赵太后把她宠爱的儿子放出去锻炼，增长才干，为国立功，将来才好在赵国安身。他很讲究说话艺术，先问寒问暖，再说到周围的环境形势，需要人才，说得合情合理，丝丝入扣，赵太后转怒为喜，并采纳了他的建议，从而达到了自己说话的目的。

2.设法吸引对方的兴趣

一次，惠盎去见宋康王。康王劈头喝道："我可不喜欢什么仁义道德的空论，你要教些什么点子给我呢？"

惠盎回答："臣下有一种比您想知道的还要神秘的东西，有了这个东西，就算是天下最勇猛的人，也别想刺伤您；就算天下最狠的人，也休想击倒您，陛下难道没有兴趣听听？"

康王说："这正是寡人所喜欢听的。"

惠盎见时机成熟，开始进入正题，道："说起来，其实这个刺不进身、击不倒您的护身法还不算高明呢！因为这一刺一击毕竟还是有辱您的尊严，更高明的应该是叫那些爱斗好狠的武夫，根本不敢近您的身。这还不够好，因为纵使表面上不敢，心里头的敌意却是无法消除掉的；而我的这个法宝就是叫那些人从心眼里对大王就没有敌意，使天下和平祥和，这样的局面难道不是大王最喜欢的吗？"

宋王一听，乐不可支，心想天底下竟有如此妙方，连忙催促惠盎快说。

惠盎见宋王的胃口已经被自己吊起来了，便不紧不慢地说："这个法宝不是别的，正是孔子、墨子两家的学说。这话怎么讲呢，您知道孔子、墨子没有寸土之地，但却可以君临天下；没有一官半职，却名噪一时。普天下的人，没有不引颈长盼这种能使天下人获得幸福的学说早日实现的。如今，您是天下尊主，如果能以孔、墨两家学说作为治国蓝本，那么四海升平就指日可待。像这种不费一兵一戈、不伤一草一木即能利天下的东西，不是最妙的法宝吗？大王能得到这两样东西，实乃国人之幸啊！"

宋康王听毕，深有感触地对左右的人说："惠盎的口才真是不简单，没有人能预料他下边要说什么！"

在我们说服别人的时候，先不要急着切入主题，应该从对方感兴趣的话题谈起，然后等到他兴趣最高涨的时候，马上转入正题，使对方防不胜防，最终无法反驳。

如果想要交朋友，并成为受人欢迎的说话高手的话，就一定要学会讲话。接触对方内心思想的妙方，就是和对方谈论他最感兴趣的事情。但如果我们只想让别人注意自己，让别人对我们感兴趣，我们永远也不会有许多挚友。

掌握火候，不要想到什么就说什么

有些人讲话带有非常明显的功利性和目的性，对方还没入座他就心急火燎，巴不得对方马上就同意他的说法。比如说请人家吃饭，没等人家动筷子，就有些沉不住气了，搞得对方高度警觉。

说话是重要的交流过程，只有那些心理素质好的人才能在讲话中占得先机。相反，太急功近利往往欲速则不达。

说话不分场合，不懂得说话的时机，这样的人注定不会受到人们的欢迎。因此，最需要注意的一点就是，说话要掌握火候，在适当的时候说适当的话。

1. 不要让话显得过于唐突

销售人员："张经理，您好。"

客户："你是哪里？"

销售人员："我是××管理控制公司，我们公司的主要业务是为用户提供一整套开源节流的推荐计划。"

客户："你有什么事吗？"

销售人员："我们愿意对你们公司目前的库存状况做一个调查，并告诉你们如何运用我们的'排列控制管理'的方法，来盘活你们库存资金的10%。"

客户："哦。是这样。"

销售人员："但是，在您得到这项服务之前，我们要收取150元的预付金，可是从给你们带来的效益上来说，可不是用几个150元可以计算的。"

客户："你说的这件事目前我们还不感兴趣，再见。"

案例中销售人员在初识的阶段，就提出这类问题："……我们愿意对你们公司目前的库存状况做一个调查，并告诉你们如何用我们的'排列控制管理'的方法，来盘活你们库存资金的10%。"这是不合适的，显得很唐突。

为什么说唐突呢？顾客并不了解你们的状况，你们之前也未向顾客送过一份有关该项服务的说明。对于顾客来说，这项服务在感性认识或理性认识上都不存在，那么贸然说这种话会有什么后果呢？会有一种把对方当智力贫乏者对待的嫌疑。因为它让人感觉"你是在说我们的经营管理很差"，或者"你们的经营管理比我们更有效、更节省成本，我应该接受你们指点"。

在火候不到的时候说出这类话，很容易给人以"居高临下"的感觉，让人听完之后有种受辱感。

把应放在后面说的话，放到了前面来讲，就会出现这种弊端。也就是说，这句话本来应该放在了解客户需求后再讲。

如果非要在这里说，就需要说得圆滑点。比如：

"有许多顾客，他们都愿意花时间和精力，用我们提供的'排列方案'整理他们的库存，然后让滞销的存货顺利地运营起来。钱嘛，正像您知道的，如果不发挥作用就没有价值。"

这样说，你觉得比上面那种说法是否好一些？

接着后面的一句话，"但是，在您得到这项服务之前，我们要收取150元的预付金，可是我们给您带来的效益，可不是用几个150元可以计算的"，就更显唐突了。很多人会认为销售员只不过是为了赚自己的钱而来。

不掌握火候、在不恰当的时候说不恰当的话，就是致使这次通话最终失败的真正原因。

2. 幽默也需要在正确的时间点

对于开玩笑和诙谐，必须随时记住会有伤人的危险，要小心翼翼不能踏错一步，以免一步走错全盘皆输，得不偿失。

一天，几个同事在办公室聊天，其中有一位胡小姐配了一副眼镜，于是拿出来让大家看看她戴眼镜好看不好看。大家不愿扫她的兴，都说很不错。这件事使老常想起一个笑话，他就立刻说出来：有一个老小姐走进皮鞋店，试穿了好几双鞋子，当鞋店老板蹲下来替她量脚的尺寸时，这位老小姐——我们要知道她是近视眼，一看到店老板光秃秃的头，以为是她自己的膝盖露出来了，连忙用裙子将它盖住。她立刻听到一声闷叫声："混蛋！"店老板叫道："保险丝又断了！"

接着是一片哄笑声，孰料事后竟从未见到胡小姐戴过眼镜，而且碰到老常再也不和他打招呼。

胡小姐和老常之间发生如此大的变化，其中的原因不难明白。说者无心，听者有意。在老常来想不过是说了一则近视眼的笑话，然而，胡小姐则可能这样想："你取笑我戴眼镜不要紧，还影射我是个老小姐。我老吗？我才26岁！"

说笑话要先看对象，先想想会不会引起别人误会。开玩笑之前，先要注意你所选择的对象是否能受得起你的玩笑，更要看你的玩笑是不是选择在了正确的时机。

3. 必须按捺住自己的着急

受欢迎的人总是那些能够沉着冷静应对一切的人，他们说话办事都是积极却不着急。那些嘴巴比脑子还快的人，是立不住脚的。在社交场合中，我们总能遇到和我们观点相反、意见相左的人。

在谈判过程中，遇到这类棘手问题时不要情绪激动，以免说错了话。正所谓"失之毫厘，谬以千里"，一点偏差便会导致意义的离题万里。若想减少这种不必要的麻烦，最重要的一点便是不要着急，遇到任何事冷静再冷静，淡定再淡定。

小虎和客户吃饭，本来之前聊得都挺好，只是在聊到正题时小虎比较兴奋，而客户则是那种一紧张就结巴的人，这也让小虎觉得自己占了上风，他开始没完没了地讲，在谈到产品质量的时候，他说了这样一句话："王经理，您放心，我们公司虽小，却是把顾客当成上帝，严格把守质量关，我们的产品在业内都是受好评的，可不是那种关键时刻会掉链子的残次品。"本来就抢不上话干着急的客户当然不乐意了，他的脸红一阵白一阵地听小虎在那儿"自我演讲"，干脆一句话也不说了，让小虎唱独角戏，最后的结果就是不欢而散。

言者无心，可听者有意，一句不经大脑的话语，却导致了他这笔生意的厄运。当一个人心急、失去耐性的时候，往往也会失去理智，而无法客观地对事物做出正确的判断、选择。

这类遇事容易着急的人大概可以分为两种：一种是急智之才，脱口而出，出口成章，往往瞬间让人拍案叫绝；另一种是说话不经过大脑但天资有限的人，往往是出口伤人，有时会陷入无法收场的地步。

前一种人是天才，这种人百里挑一，后一种人却随处可见，一抓一大把。说话不经过大脑，尤其是几杯酒下肚之后嘴巴更是没有了一点儿戒备，极有可能得罪了别人却不自知，等到明白过来后急着弥补时，往往是越急越坏事，到头来好话说了一大堆，人却得罪完了。

再急也不能乱说话。所以，在谈判时一定要灵活，不能说风就是雨，要为别人留点时间和余地。

切合时机，说出对方想听的话

现实中有一个问题就是：不少人往往喜欢说自己想说的话。例如，不少推销员将自认为自己的产品与众不同之处、自认为自己的产品能给客户带来的利益等滔滔不绝地讲给对方听，但客户不想听这些，尤其是在第一次拜访中就说这些是极其令人讨厌的。

所以，必须要考虑自己要说的话，对方是否喜欢听。我们要学会把自己的每一句话都说到对方的心坎儿上去。

1. 琢磨对方的心思

会说话的人首先会"相人"。他能注意到他人的言谈神色，判断出对方的心理活动，正所谓知己知彼，百战不殆。

汉高祖刘邦建汉的第五年，消灭了项羽，平定了天下，准备论功行赏。此时，群臣彼此争功，吵了一年都无法确定。刘邦认为萧何功劳最大，就封萧何为酂侯，封地也最多。但是群臣心中不服，议论纷纷。在封赏勉强确定之后，对职位的高低先后又起了争议，大家都说平阳侯曹参身受创伤七十余处，而且攻城略地，功劳最大，应当排在第一。刘邦因为在封赏的时候已经委屈了一些功臣，多封了许多给萧何，所以在职位上难以再坚持，但心中还是想将萧何排在首位。

这时候，关内侯鄂君已经揣摩出刘邦的意图，就挺身上前说道："群臣的决议都错了！曹参虽然有攻城略地的功劳，但这只是一时之功。皇上与楚霸王对抗五年，常常丢掉部队四处逃跑。而萧何却源源不断地从关中派兵员填补战线上的漏洞。楚、汉在荥阳对抗了好几年，军中缺粮，全靠萧何转运粮食补给关中，粮饷才不至于匮乏。再说皇上有好几次逃到山东，都是靠萧何保全关中，才能接济皇上，这才是万世之功。如今即使少了一百个曹参，对汉朝有什么影响？我们汉朝也不必靠他来保全！为什么你们认为一时之功高过万世之功呢？我主张萧何第一，曹参其次。"刘邦听了，当然说："好。"于是下令萧何排在第一，可以带剑入殿。

后来刘邦说："吾听说推荐贤人，应当给予最高的奖赏。萧何虽然功劳最高，但因听了鄂君的话，才得以更加明确。"

明眼人一看就知道刘邦宠幸萧何，所以在安排入朝的席位上，刘邦虽然表面上不再坚持萧何应排在第一，但鄂君早已揣摩出他的心意。于是顺水推舟，专拣好听的话讲，刘邦自然高兴。鄂君也因此多了一些封地。

对他人的意思细心倾听之后，再投其所好有所作为，这是一种说话的策略，在双方力量悬殊的情况下，不妨运用一下这种策略，以屈求伸。

2. 迎合对方的心思

《红楼梦》第三十四回写到，宝玉挨打以后，丫鬟袭人向王夫人提出了一条建议：如今二爷也大了，里头姑娘们也大了，以后叫二爷搬到园外来住，就好了。袭人没有想到，这条建议竟然重重地拨动了王夫人的心弦。王夫人不仅对此建议大加赞赏，而且当场暗示，要"提升"袭人。这是为什么呢？王夫人一番感叹透露出个中底细："我的儿！你竟有这个心胸，想得这样周全，我何曾又不想到这里？只是这几次有事就忘了。你今日这话提醒了我，难为你这样细心。真是好孩子！"

原来袭人的话正与王夫人的思虑暗合，说到了王夫人平日潜在的意念上，引发出王夫人内心强烈的共鸣。王夫人于是做出了非同寻常的反应，说："你如今既说了这样的话，我索性就把他交给你了……自然不辜负你。"

在交际场上，我们要机灵些，善于观察，说出的话才动听，更容易被他人接受。

3. 迎合也讲准确率

李玫的单位以前有位40多岁的女上司，最喜欢的事情就是星期一早上在办公室展示她周末购得的新衣服，这时，当然人人都要拣好听的说了。

有一次，女上司新买了一身名牌套装，花了将近3000块钱，说实话，款式和色彩都有点过时，但别人的评价无外乎是"好看""有品位""穿着显年轻""值"，可这些词都禁不住推敲："好看""有品位"太一般化；"穿着显年轻"难道我平时很显老吗？"值"那分明是在怀疑领导的经济实力。

还是李玫聪明，她说："领导这套衣服呢，我说说我个人的看法啊：第一，不是十全十美，就价格而言绝对不算便宜；但是，就性价比而言，肯定是值得的；第二，色彩和款式，我觉得有点儿委屈您了，您身材这么好，又年轻，为什么要穿这么老成的衣服呢？"称赞和批评都在点子上，又没有让领导尴尬。

转过年来，公司要派一个业务骨干去国外进修，女上司把这个名额给了李玫，因为李玫不仅业务过硬，而且"看问题准确，分析透彻、有道理"。

其实，人人都爱听好听的话，领导也不例外。

真情需要赞美，而细微之中更容易显现真情，所以，有经验的人常常抓住某人在某方面的行为细节，巧施赞美和感谢，这样很容易博得对方的好感。这样做是很有道理的。

简单的赞扬也可能是振奋人心的，但是，本来不错的赞扬如果多次单调重复，也会显得平淡无味，甚至令人厌烦。

把话说得恰到好处，把握说话的最佳时机

如何把话说得动听、如何把话说到听者的心窝里，是相当不容易的一件事。有些人天生性急，总是不假思索就脱口而出，往往等到察觉说错话的时候为时已晚了；有些人则是沉默不语，该说话的时候不说，以为"沉默是金"，却在沉默中错过了很多机会。

古人说："话多不如话少，话少不如话好。"这个"话好"正从一个侧面说明了说话时机的重要性。不会说话的人不会察言观色，也不懂得在适当的时机说话，即使说话了，一开口就伤人，又有何用呢？

1. 抓住"机锋"

说话的时间是相当重要的。火候到了，说出的话自然贴切，才能引起人们的重视。不要以为只有在对方愉悦时的言语才有分量，抓住对方隐忍难发之机，坦诚直言，则能达到人微言重的效果。在适当的时间，利用有限的语言，充分地表达自己完整意愿的能力是适当的说话时机不可缺少的一个要素。

中国第一位现代舞拓荒者裕容龄，年轻时随外交官父母迁居巴黎。由于受旧礼俗困囿，一直不敢进言学舞的愿望。一次，日本公使夫人来做客，顺便问其母："你家小姐怎么不学跳舞呢？我们日本女孩都要学的。"裕母不便拒绝，顺水推舟道："往后再学吧！"裕容龄趁机进言了："好母亲，我今后就学日本舞跳给你看，好吗？"说罢便换上舞装跳起

《鹤龟舞》，公使夫人夸赞不已，母亲也只好认可。

裕容龄进言的成功，全在于抓住时机的"机锋"上。所谓机锋，就是临场应变、妙语言重所激发的奇光异彩。

从开始说话到结束话题，任何时间段，说话的时间点都是相当重要的，即使平常我们写一封信，把它当作广告或直接投递的推销信，也必须注意发函时间，因为对方收到资料的时间对我们来说有着重要的关系。不要忘记，时间是一切行动的指南，这和良好的时机在工作中是必须考虑的要素一样重要。

2. 多观察说话时的环境

同一句话在不同时间、场合说出来，效果大为不同。

例如，某次张某、李某刚参加完一位不幸早逝的同学的葬礼。一出门，张某礼貌性地问："你的事什么时候办？"李某先是一愣，随即明白是问自己的婚事，一时语塞。张某也自觉失言，场面甚是尴尬。若换个时间、地点，这是标准的一句表示关切的话。可在彼时彼地就极为不合适。

在适当的时机说适当的话，就必须掌握说话的机会。在适当的时机说话，才能让言语变得有价值，否则说话的时机不对，就是失败的说话。

很多人说话不看对象，反正高兴说什么就说什么，完全不去理会别人的感受，如此漠视别人存在的说话方式，不仅容易得罪人，而且也无法发挥言语的影响力。因此说话时，一定要看对方，不是单凭自己高兴就好，只有适时察言观色，才能让你的言语起到作用。

有经验的人都知道，针对不同的对象、不同的事情，在不同的时机，采用的说话方式是不一样的。很多沟通技巧都要综合运用，比如要先听后说，要以对方为中心等，沟通技巧有很多，但是我们每一个人的背景不同、经验以及所处的环境不同，所以对沟通技巧的体会和掌握也不同。

3. 一定要等到合适的时机

有一位叫迈克的男孩，长得又高又壮，他的父母担心他在学校会欺负别人，对他要求非常严格，教他学会忍耐，教他与人为善。结果同学们都以为他光长个儿不长力，经常欺负他。迈克对父亲说："我真想狠狠地揍他们，但我知道这样做妈妈会生气。"父亲没有理会他。两年很快过去，迈克又向父亲说了自己常受到委屈。这时，父亲感觉时机成熟了，就对他说："你不必揍他们，可以通过其他的方式，让他们知道为了维护自尊，你不能再忍受他们的欺负了。"

迈克记住了父亲的话，当那几个经常欺负他的孩子照例戏弄他时，迈克没有像往常一样站在那里忍受奚落，而是先用语言警告他们，结果越是警告，他们越放肆，迈克"被迫出手"，把其中两个紧紧摁在篮球场上，但没有打他俩，只等他俩告饶为止。后来，迈克和那两个孩子都各自承认了自己的错误，并握手言和。

后来，他成了路人皆知的篮球"飞人"——迈克·乔丹。

乔丹的父亲选择在那样的时机教导乔丹，让他通过其他的方式解决问题，其主要原因大概就在于他认为自己的孩子已经知道怎样把握好分寸了。

相信很多人都经历过这类的事：在得意忘形时，说自己从来没犯过什么错误，接下来就会犯错误。如果说这是巧合的话，为什么这种巧合总是出现在说话不讲时机、把大话说在前面的人身上呢？

说话关系到一个人的为人处世，把握好说话的时机，能使人与人之间的相处更加和谐圆融，如果把握不好，就会导致各种不良的后果。时机的"分寸"是无所不在的。在与人相处中，如果说话的时机把握不好，他的话就很难打动他人，求人帮忙时就难以说服他人，更别说做到愉快地与人交往了。

拥有好口才的人不会喋喋不休，他们知道在适当时机用适当语言说话。

4. 面对重要客户要直击内心

一次成功推销的关键就在于刚开始的几十秒，无论是想让客户接受你，还是接受你的产品，都应该在一开始就吸引客户的注意力，抓住客户的心，这样客户才会有兴趣跟你谈下去。

依照销售心理学的分析，最好的吸引客户注意力的时间就是在你开始接触他的前30秒，只要你能够在前30秒内完全吸引住他，那么后来的销售过程就会变得轻松。因此，你最好设计一个在30秒内就能吸引对方的开场白，而这个开场白可以是一个对方感兴趣的问题。

福克兰是美国鲍尔温交通公司的总裁。在他年轻的时候，由于他成功地处理了一项搬迁业务而青云直上。当时，居民中有一位爱尔兰老妇人不愿意搬走，于是联合了许多邻居，决心与对方对抗到底。如果当时通过法律程序来解决纠纷，不仅费时费力，而且还要花费许多钱。福克兰向总裁请缨，准备亲自出马，把自己的方案彻底地"推销"给老妇人。

当福克兰找到这位老妇人时，她正坐在房前的石阶上。福克兰故意在老妇人面前忧郁地走来走去，以引起老妇人的注意。果然，老妇人开口说话了："年轻人，你有什么烦恼？"福克兰并没有直接回答老妇人的问题，只是说："您坐在这里无所事事，真是太可惜了。我知道您具有非凡的领导才干，可以成就一番大事业。听说这里将建造一座新大楼，您何不劝劝您的邻居们，让他们找一个更好的地方永远安居乐业下去呢？这样大家都会记住您的好的。"福克兰这几句看似轻描淡写的话，却深深打动了老妇人的心。不久，她到处寻觅住房，指挥她的邻居搬迁，而公司仅付出了原来预算的一半。

在与客户交谈的时候，能够一开始就抓住客户的心很重要，只有这样，谈话才有可能继续下去。如何才能从一开始就抓住客户的心呢？

提及客户现在最关心的问题：听您的朋友提起，您现在最头疼的是产品的废品率很高……

谈到客户熟悉的第三方：您的朋友某某介绍我与您联系，说您最近想添置几台电脑……

赞美对方：他们说您是这方面的专家，所以想和您交流一下……

提起对方的竞争对手：我们和××公司有过合作，他们认为……

用数据引起客户的兴趣和注意：通过增加这个设备，可以使您提高

50% 的生产效率……

有时效性的说法：这个活动能给您节省很多经费，活动截至 12 月 31 日，所以应该让您知道……

上面这几种方法，可以交叉使用，前提是要根据当时的实际情况。当然在与客户交谈的时候，一定要以积极乐观的语气对客户表达问候。

从对方最得意的事情上寻找说服突破口

从对方得意的事情说起，顺着对方的心意，不可逆犯对方的忌讳和尊严。不然，不但达不到目的，反而会使自己处于尴尬的境地。

要想获得对方的好感和认同，达到说服的最佳效果，就得从对方感兴趣的事入手。谈对方感兴趣的事，对方一定是很乐意的。而且可以因此把两个人情感上的距离拉近许多，这是打破僵局、说服别人的捷径。

每个人都希望别人认可自己，喜欢得到别人的重视和关心。如果在谈话时你能巧妙地谈到对方，提及他得意的事情，他肯定会对你产生好感，甚至视你为知己。因此，无论是与朋友还是客户交谈，多谈一谈对方的得意之事，这样容易赢得对方的赞同。如果恰到好处，他肯定会高兴，并对你心存好感。

杨先生是一家公司的经理，身高一米八，英俊帅气。由于业务关系，他经常与台湾商人打交道。

有一次，在一个知名的展览会上他遇到了一位女台商。杨先生马上走过去，和她热情地打招呼，交换名片。拿过来一看，她叫林静玉，便立刻说道："林小姐，你这名字起得好。"

女台商问他："我的名字有什么好？"

杨先生说："你看，林静玉，跟林黛玉就差一个字，比她还文静，其实你长得也像你们台湾的一位电影明星。"

女台商兴趣大增，接着问："我像谁？"

杨先生认真地回答："特别像林青霞。"

"哎呀，还真有不少人说我像林青霞呢。"女台商高兴地接受了杨先生的判断。

这时，杨先生说出了显示其聪明才智的一句话："你们林家怎么尽出美女呀！"

听后，林静玉咯咯地笑个不停。后来，他们成了好朋友，彼此成功地合作过许多项目。

从上面的故事中我们不难看出，适时地从别人最开心的事情谈起，引起对方的荣耀感，杨先生不但成功取得业务上的拓展，还因此得到了一份友谊。事实上，每个人潜意识里都会有一种虚荣心，都愿意被人夸赞，这样的说服方式是很容易让对方接受的。

每个人都有一些自己认为值得纪念的事。如果能预先打听清楚，在有意无意之间，很自然地讲到他得意的事情，只要他对你没有厌恶的情绪，只要他没有其他不如意的事情，在情绪正常的情况下，他一定会高兴地听你说的，当然此时说服他就容易得多了。

因此，在说服别人的时候，你可以先扮演一个捧人的角色，了解对方特别的爱好或是开心的事情，在关键的时刻提一提，让对方知道你对他的关注和重视。这样，你在展开说服的时候，才不会遭到抗拒。

比如，一个人给你看了他小孩的相片，你就要顺势夸夸他的小孩。反之，你没有任何表达地放回原处，对方肯定会不高兴。如果有人升职了，第二天见到他，用最新的头衔称呼他，再夸赞一下他的能力，以及拿自己或别人的现状做对比，对方一定很高兴。

你在说服的时候要注意技巧，表示敬佩，但不要过分推崇，否则会引起他的不安。对于这件事情的关键，要慎重提出，加以正反两方面的阐述，使他认为你是他的知己。他自然会格外高兴，会亲自讲述，你应该一面听，一面说几句表示赞赏的话。如此一来，即使他是个不苟言笑的人，也会变得和蔼可亲，你再利用这个机会，稍稍暗示你的意思，进行试探，作为第二次进攻的基点。

不过要从哪里去探听对方得意的事情？试着在你的朋友之中找一下

有否与对方交往的人，向他打听当然是最容易的。如平日能记牢关于对方的情况，到时便可以应用。

不过当你在说服时：第一，要看时机是否成熟；第二，说服过程中要不卑不亢。过分显出哀求的神情，反而会引发对方藐视你的心理。尽管你的心里十分着急，但说话表情还是要大方自然，不要只为自己打算，而是要说出为对方着想的理由来。

总之，说服别人并不难，关键在于怎样让对方接受你。抓住时机，适时切入对方爱听的话，自然让对方心花怒放，不会再刻意保持距离。

一语双关的正确打开方式

说话时巧用谐音法，可以化平淡为神奇，获得出人意料的戏剧性效果。

谐音法的运用大致有以下几种形式：

1. 谐音讽刺

运用谐音法，可对不便明说的丑恶现象和人物进行讽刺鞭挞。

辛亥革命后，清帝逊位。人们以为从此天下太平，而事实却是军阀混战，贪官盛行，民不聊生。四川名士刘师亮撰联道："民国万税，天下太贫。"其讽刺效果可谓入木三分。民国不能"万岁"，却有"万税"；天下不太平，只有"太贫"。

2. 谐音表态

世称"扬州八怪"之首的郑板桥在潍县做县令时，逮捕了一个绰号"地头蛇"的恶棍。他的伯父是个有钱有势的老员外，舅舅是郑板桥的同科进士，两人带着酒菜连夜登门求情。

酒席上，进士提出要行个酒令，并拿起一个刻有"清"字的骨牌，一字一板地吟道："有水念作清，无水也念青，去水添心便为情。"

郑板桥更正道："年兄差矣，去水添心当念情。"进士听了大喜。郑板桥猛然悟到中了他的说情圈套，紧接着大声念道："酒精换心方讲情，此处自古当讲清，老郑身为七品令，不认酒精但认清。"那两人见状，只好扫兴而归。

这里，这位进士巧用谐音求情，而郑板桥却妙用谐音变化，表明了为官一身清、决不徇私情的态度。

3. 谐音还击

乾隆庆七十大寿，众臣、侍卫前呼后拥。这时，纪晓岚与和珅列于众臣前列。突然，一名侍卫牵着一条狗从旁而过。和珅见此，指着那条狗对纪晓岚问："是狼？是狗？"

纪晓岚非常机敏，意识到和珅是在辱骂自己，就给予还击。他泰然自若地回答道："回和大人话，垂尾是狼，上竖是狗。"

这里"是狼"与"侍郎"谐音，"上竖"与"尚书"谐音，纪晓岚巧妙利用了谐音转换的方法来反骂和珅才是狗，骂得真是天衣无缝，令和珅无言以对。

4. 谐音转换

谐音转换，指用关键字的谐音转换成另一个意义的词语，用新的语义代替原来的语义。

有个住旅店的人，一觉醒来，发现自己的五十两银子不见了，而这一晚旅店没别人，只有他一人，因此他怀疑是旅店老板偷去的，但老板死活不承认。二人闹到县衙，县官对老板说："我在你手心里写个赢字，你到院子里晒太阳，如果晒很长时间，赢字还在，那么你的官司就打赢了。"

随后，县官把老板娘叫来。老板娘来到，只看见老板在外面站着，不知怎么回事。这时只听县官对她丈夫喊道："你手里的赢字还在不在？"店老板连忙回答说："在，在。"老板娘一听丈夫承认了"银子"在，就不敢隐瞒了，乖乖地回家拿出了银子。

运用谐音做辩论工具，可以灵活地驾驭语言，彰显大智慧。

薛登是宰相的儿子，生得聪明伶俐。当时有个奸臣金盛，总想陷害薛登的父亲，但苦于无从下手，便在薛登身上打主意。有一天，金盛见薛登正与一群孩童玩耍，于是眉头一皱，诡计顿生，喊道："薛登，听说你的胆子像老鼠一样小，你敢不敢把皇门边的木桶砸掉一只？"

激将之下薛登不知是计，一口气跑到皇门边上，把立在那里的双桶砸掉了一只。金盛一看，正中下怀，立即飞报皇上。皇上大怒，立传薛登及其父问罪。

薛登与父亲跪在堂下，但薛登却若无其事地嘻嘻笑着。皇上怒喝道："大胆薛登，为什么砸掉皇门之桶？"

薛登毫无惧色，抬起头反问道："皇上，你说是一桶（统）天下好，还是两桶（统）天下好？"

"当然是一统天下好。"皇上说。

薛登高兴得拍起手来："皇上说得对！一统天下好，所以，我把多余的那只'桶'砸掉了。"

皇上听了转嗔为喜，称赞道："好个聪明的孩子！"又对宰相说："爱卿教子有方，请起请起。"

金盛一计未成，贼心不死，下堂后把薛登拉到背后，假装称赞他说："薛登，你真了不起，你敢把剩下的那只也砸了吗？"

薛登瞪了他一眼，说了声"砸就砸"，便头也不回地奔出门外，把皇门边剩下的那只木桶也砸了个粉碎。

金盛又飞报皇上，皇上怒喝道："顽童！这又做何解释？"

薛登不慌不忙地问皇上："陛下，您说是木桶江山好，还是铁桶江山好？"

"当然是铁桶江山好。"皇上答道。

薛登又拍手笑道："皇上说得对。既然铁桶江山好，还要这木桶江山干什么？皇上快铸一个又坚又硬的铁桶吧！愿吾皇江山坚如铁桶。"

皇上高兴极了，下旨封薛登为"神童"，但薛登听了，并没有马上谢恩，却放声大哭起来，边哭边说："金盛两次要我砸皇桶，意在害我父亲；而今皇上封我神童，他岂肯罢休？与其我薛家父子死在奸贼之手，倒不如请皇上现在就下旨给我死罪为好！"

皇上听了，顿时大悟，立即对金盛吼道："大胆金盛，你加害忠良，朕早有察觉。今日之事，你包藏祸心，已是昭然若揭。来人，传朕旨意，将他削职为民，滚回老家去！"

妙用谐音克敌护己，难怪薛登被誉为"神童"。

有时，将谐音与双关语结合使用，也会产生意想不到的幽默效果。

李鸿章是清末名臣，他的一个远房亲戚李某赴京参加科举考试。此人胸无点墨却热衷科举，一心想借李鸿章的关系捞个一官半职。打开试卷，竟无言下笔，急得如热锅上的蚂蚁。

眼看要交卷了，此人灵机一动，在考卷上写下"我乃李鸿章中堂大人的亲戚"。无奈，他不会写"戚"字，竟写成"我乃李鸿章中堂大人的亲妻"，指望能获录取。

主考官阅卷到此处，不禁拈须微笑，提笔在卷上批道："所以本官不敢娶（取）你！"不用说，此人当然落第了。

"娶"与"取"同音，主考官针对李某的错字，顺水推舟来个双关的"错批"，既有很强的讽刺意味，又极富情趣。

"层层剥笋"让他"束手就擒"

笋在成为竹子之前，是有多层外皮包裹的，剥笋时总得一层层地剔开，才能剥到所需要的笋心。所谓"层层剥笋"，就是在说服他人的过程中紧扣主题，从一点切入，由小至大，由远至近，由浅到深，由轻到重，逐层展开，直至揭示问题的本质，进而达到目的的说服方法。恰当地运用层层"剥笋术"，可使我们的论证一步比一步深化，增强我们语言的说服力量。

孟子觉得齐宣王没有当好国君，于是对齐宣王说："假如你有一个臣子把妻子儿女托付给朋友照顾，自己到楚国去了，等他回来时，他的妻子儿女却在挨饿、受冻，对这样的朋友该怎么办呢？"

齐宣王不知道孟子的用意，于是非常干脆地回答说："和他绝交！"

孟子又问："军队的将领不能带领好军队，应该怎么办呢？"

齐宣王也觉得问题太简单，于是以更加坚定的口气回答："撤掉他！"

孟子终于问道："一个国家没有治理好，那又该怎么办呢？"

齐宣王这才明白了孟子的意思——国家治理不好，应该撤换国君。虽然齐宣王不愿接受这种观点，但是在孟子层层剥笋的巧妙言说之下，也只有忍了下来。

复杂难说的事要由浅入深地论证说明，假如孟子一开始就提出第三个问题，齐王肯定要发怒。我们在劝说别人的时候可以使用这种方法。

战国时，楚襄王是个昏庸的国君。大夫庄辛直言进谏，楚襄王非但不听，还训斥庄辛是"老糊涂"。庄辛只好离开，到了赵国。不久，秦国占领了楚国大片的国土。楚襄王有所醒悟，于是把庄辛找回来商量对策。

庄辛于是变直言进谏为"层层剥笋"，连设四喻，从小到大，由物及人，层层递进，步步进逼："蜻蜓捕食虫子，自以为很安全，却不知道小孩子用蜘蛛网捕捉它，一不留神就会成为蚂蚁的食物。黄雀俯啄白米，仰栖高枝，自以为无患，谁知公子王孙将要把它射下，调成佳肴。天鹅直上云霄，自以为无患，谁知射手要把它射下来，把它做成食物。蔡灵侯南游高丘，北登巫山，饮茹溪之水，食湘江之鱼，左手抱着年轻的美女，右臂挽着宠幸的姬妾，不以国政为事，哪知道子发受了楚王之命要把他杀掉。大王您左边有个州侯，右边有个夏侯，御车后跟着鄢陵君和寿陵君，食封地俸禄之米粟，用四方贡献的金银，同他们驰骋射猎于云梦之间，而不以天下国家为事。您不知穰侯正接受了秦王的命令，他们的军队要占领我们的国家，把大王驱赶到国外去呢！"

一席话，听得楚襄王"颜色变作，身体战栗"，使他明白到了非纳谏不可的境地。

战国时期，说服秦王破六国合纵从而兼并天下的张仪采用的也是层层剥笋的方法，秦王才有了趁胜统一中国的决心。

张仪认为秦国缺乏远大的战略眼光，不能抓住大好战机，穷追猛打，使山东诸侯得以喘息，卷土重来，合纵攻秦，以致出现六国"当亡不亡"、秦国"当伯（霸）不伯"的局面。为了促进秦国统一中国的大业，张仪向秦昭王献策说："我听说，天下诸侯——赵与北方的燕、南方的魏，联结楚、拉拢齐，又纠集残余的韩，结成了合纵的局面，将要向西来与秦国对抗，我私下里讥笑它们不自量力。世上有三种导致灭亡的情况，而山东六国都具备了，大概说的就是它们的合纵吧！我听人说：'混乱的国家去进攻安定的国家，就会灭亡；邪恶的国家去进攻正义的国家，就会灭亡；倒行逆施的国家去进攻顺天应人的国家，就会灭亡。'现在六国的财物不足，粮仓空虚，他们即使出动全部的士民，扩大军队至几十万、上百万，临战之时，前面有敌人雪亮的刀剑，后面是自己一方斩伐逃兵的斧质，可是士卒还是纷纷后退不肯死战。不是他们的百姓不能死战，而是六国的君主不能够使百姓死战。该奖赏的不给奖赏，该处罚的不处罚，赏罚都不能兑现，所以百姓不肯拼死作战。

"现在秦国颁发号令，施行赏罚，有功无功都视其业绩而定，没有偏私。秦人虽说从小生活在父母的怀抱之中，生来是不曾见过敌寇的，但是一旦听说要打仗，便跺脚脱衣，踊跃参战，冒着敌人的刀剑，踏过地上的火炭，决心拼死，勇往直前的人到处都是。决心拼死和贪生怕死是不同的，秦国士民能做到决心拼死，是因为秦国提倡勇敢。因此，一个可以战胜十个，十个可以战胜百个，百个可以战胜千个，千个可以战胜万个，万个就可以战胜天下诸侯了。现在秦国的土地，截长补短，方圆数千里，威名远扬的军队数百万，再加上秦国号令赏罚严明，地理形势有利，天下各国没有哪个比得上。凭借这些有利条件对付天下诸侯，统一天下是很容易的。由此可知，只要秦军出战，没有不获胜的，进攻没有不能攻下的，抵挡的敌人没有不被打败的。按说一战就可以开拓国土几千里，可以建立很大的功劳。可是眼下军队疲惫、百姓困苦，积蓄用尽、土地荒芜、粮仓空空，周围的诸侯不肯臣服，霸王的名声没有成就，这没有别的原因，是因为谋臣没有尽忠的缘故。

"而且我听说，'诚惶诚恐，小心戒惧，就能一天比一天谨慎'。只要做到谨慎地选择达到目的的途径，就能够统一天下。怎么知道是这样呢？从前，纣做天子，统帅天下百万将士，向左饮水于淇谷，向右饮水于洹河，淇谷的水喝干了，洹河的水也不流了，用这样众多的军队和周武王对抗。武王率领穿着白色盔甲的三千将士，只经过一天的战斗，就攻陷了纣的国都，活捉了他本人，占据了他的土地，获得了他的人民，而天下的人没有谁为纣哀伤。智伯统帅智、韩、魏三家的军队，到晋阳去攻打赵襄子，挖开晋水淹晋阳，历经三年，晋阳将要陷落了。襄子派遣张孟谈暗中出城，策动韩、魏毁弃与智伯的盟约，得到两家军队的配合，去攻打智伯的军队，捉住智伯本人，成就了襄子的功业。

"我冒着犯死罪的危险，向您进献的方略可以用来一举拆散诸侯的合纵，攻下赵国，灭亡韩国，使楚、魏称臣，使齐、燕来亲近，使您成就霸王之业，让四邻诸侯都来朝拜秦国。假如大王听了我的主张，一举而诸侯的合纵不能拆散，赵国不能攻下，韩国不被灭亡，楚、魏不来称臣，齐、燕不来亲近，您霸王之业不能成就，四邻的诸侯不来朝拜，大王就砍下我的头在全国示众，把我看作替大王谋划而不尽忠的人吧！"

张仪的陈词慷慨洒脱，逻辑严谨，秦王因此被说动，为天下的大一统拉开了序幕。

运用"层层剥笋"法进行说服，需要在说服前，把论证方案设计得环环相扣，天衣无缝。如此一来，对方才有可能在我们的说服逐层展开的过程中"束手就擒"。

歧义，一种高级的"错误"

自然语言具有歧义性，有时同样一句话，表达两种含义。利用它可以巧妙地构成语言的圈套，达到诱敌入彀中的目的。

唐朝有个人叫汪伦，家住安徽省泾川县。他十分仰慕当时的大诗人李白，又恨无缘相识，一直想寻个机会亲见一下这个"诗仙"的不凡风采并交个朋友。有一次，碰巧李白遨游名山大川到了皖南，汪伦寻思：有什么妙法可以结识李白呢？

他忽然想起李白一爱桃花，二爱喝酒，便灵机一动，给李白写了一封邀请信。信上说："先生好游乎？此地有十里桃花；先生好饮乎？此地有万家酒店。"

李白接信后，欣然而至。汪伦便以实相告："十里桃花，是十里外有桃花潭水，其实这里并没有桃花；万家酒店，是指万家潭西一个姓万人家开的酒店，其实这里并没有一万家酒店。"

李白听完一愣，才悟自己"上当"，大笑不止。

李白对汪伦表现出来的机智和友情十分感激，以诗相赠，留下了"桃花潭水深千尺，不及汪伦送我情"的千古情谊，被传为诗坛佳话。

设置歧义"圈套"时，要注意语言的迷惑性与灵活性。

有个包公断案的故事：某地李财主有个儿子叫李正频，自幼同庄员外的女儿庄小姐订了婚，两人是同年生的。到了18岁的时候，李财主准备为他们操办婚事，不料一场大火将家产烧得一干二净，不要说喜事办不成了，连生活也困难。嫌贫爱富的庄小姐不认这门亲了，转而同有钱有势的钱秀才定了亲，庄小姐有了两个未婚夫。

李正频听说庄小姐要同钱秀才结婚，就将其告到开封府包公那里。

包公便令差役将庄小姐、钱秀才一起传上堂来审问。

包公耐心地劝说庄小姐同钱秀才解除婚约，希望庄小姐与李正频结合，但她执意不从。

包公眉头一皱，计上心来。

他让钱秀才、庄小姐、李正频三人面向包公竖排跪下，庄小姐在中间，前面是钱秀才，后面是李正频。包公认真地对庄小姐说："公堂上不得戏言，你愿同前夫结婚，还是愿同后夫结婚，由你自己选择，但一经认定就不得改口，立据为凭。"

庄小姐抬头一看，前面跪着钱秀才，便说："小女子愿同前夫结婚。"

包公大笑，一边请师爷成文，让她画押，一边说："庄小姐究竟贤惠，不嫌贫爱富，还是认定要同前夫结婚。"于是又对李正频说，"庄小姐已自愿认定你这个前夫，你就好好领她回去成亲吧！"

"退堂！"

庄小姐一时醒悟过来，感到已无法挽回，但一看李正频举止文雅，人品也好，就跟他回去了。

包公的问话"愿同前夫结婚，还是愿同后夫结婚"便是一个圈套。庄小姐如果答"愿同前夫结婚"，包公会说她愿同以前订立婚约的李正频结婚；如果她答"愿同后夫结婚"，包公又会说她愿同跪在她后面的男子李正频结婚。包公的问话灵活机动，对方无论如何也难以逃脱这一精心为她设置的"圈套"。

第八章

因人表达，
跟任何人都能聊得来

面对上级，说话要不卑不亢

有的下属对领导唯马首是瞻，即使领导做错了，还佯装欢笑，卑躬屈膝，违背原则说一些子虚乌有的话。如果是非常精明的领导，这种人是很难得到重用的。因为这种人一般并没有什么真才实学，不仅很难成事，还经常会坏事；而且这些人把利益放在第一位置，现在他可以违背自己的良心说对你有"利"的话，明天也可以干出对你不利的事来。

当然，作为下属，对领导的面子还是要照顾到的。这就要求在和领导讲话的时候既不能肉麻地拍马屁，也不能让领导感觉被压制，下不了台，也就是要不卑不亢。

当在领导面前处于不利境地时，如果为了迎合领导，讲了假话，那就违背了自己的内心，也未必会得到领导认可。在这个时候如果讲究点技巧，不卑不亢，既讲了真话，不违背自己的本心，又能使对方接受，岂不是一举两得。下面就是这样一个例子：

宋代有一位大臣，为官公正，为人刚正不阿。年轻时四处游学，机缘巧合，竟然认识了微服私访的当朝皇帝。皇帝心血来潮，写字画画儿去卖，只可惜水平实在不高。这位青年告诉皇帝，他的画儿只值 1 两银子。皇帝听了既不服气又生气，但也不好发作。

第二年这位青年进京赶考，高中状元，成了天子门生。觐见皇帝时才发现，原来当年卖画儿的老兄竟然是皇帝，皇帝也认出了他。皇帝屏退左右，只将这新科状元留了下来，拿出当年只值 1 两银子的那幅画，问道："卿家认为这幅画价值几何？"

这位状元赶紧前进一步说道："这幅画如果是陛下送给微臣的，那就价值万金，因为无论陛下送的何物，对微臣来说，都是无价之宝。但如果拿去卖的话，这幅画就值 1 两银子。"

皇帝听了，不禁拍掌大笑，知道自己有了一位才学渊博、品行端正的忠心之士。

这位状元并没违背自己的本意，而是讲了真话，这种不卑不亢的巧妙表达，也使皇帝觉得在理，因而也非常高兴。

对于有些涉及领导的问题，为了给对方留面子，同时恰当地维护自己的尊严，就要巧妙区分，从不同的角度来解决。

不卑不亢只是一种说话手段，运用它的关键是理直而气壮，只有在领导面前大胆地说出应该说的话，才能不致弄巧成拙，惹领导不快。

对领导有意见婉转说

面对来自上司的压力，总有一些话如鲠在喉，不吐不快。此时此刻，你将怎么做？不吐不快，绝不意味着要一吐为快，给上司提意见还是要婉转说。因为他有权力随时开除你。

1. 提意见兼并上司的立场

李先生是一家知名外企的总经理助理。他的顶头上司王总是搞学术和技术出身，由于工作重点长期落在研究开发领域，因此对企业管理一知半解。出于对技术的钟情与依恋，王总直接插手技术部门的事，把管理的层级体系搞得乱七八糟，其他部门敢怒不敢言，私下里无不怨声载道，让李先生与其他部门沟通协调倍感吃力。

经过思考，李先生决定采用兼并策略，向王总建议。

他对王总说，真正意义上的领导权威包含着技术权威和管理权威两个层面，王总的技术权威牢固树立，而管理权威则有些薄弱，亟待加强。王总听后，若有所思。

李先生巧妙地兼并了王总的立场，结果获得了成功。后来，王总果然越来越多地把时间用在人事、营销、财务的管理上，企业的不稳定因素得到控制，公司运营进入了高速发展状态，李先生的各项工作也顺风顺水，渐入佳境。

从李先生的经历，我们可以得到很好的启发：兼并上司的立场，的确不失为向上司提意见的上等策略。首先，它没有排斥上司的观点，而是站在上司的立场上，最终是为了维护上司的权威，出发点是善意良性的；其次，这种策略是一种温和的方式，能够充分照顾上司的自尊，易被上司接受，效率较高；另外，它需要很强的综合能力，需要很高的社会修养。能够针对不同情况，不断提出有效率的兼并上司立场的意见，并非轻而易举。长期这样做下去，久而久之，自己个人的领导能力亦会迎风而长，甚至有一个飞速提升。

2. 注意语气，措辞委婉

因为说得过火或过于渲染，涉及领导的尊严与权威，尺度把握不准，搞不好就会有嘲讽、犯上之嫌，被领导误以为心怀不满，另有所指。所以下属一定要注意自己的口气，要比较和缓，显示自己的诚恳和尊敬之情。特别是要使领导明确地认识到，你的所作所为都是出于做好工作的动机，是为领导设身处地地着想，而不是针对领导者本人。

"要想成功与上司交手，了解他的工作目标和其中的苦衷是极为重要的。"赖斯顿说，"假如你能把自己看作是上司的搭档，设身处地替他着想，那么，他也会帮你的忙，实现你的理想。"

卡内基·梅伦大学的商学教授、《金领工人》一书的作者罗伯特·凯利，曾引述加利福尼亚某电影公司的一位程序设计员和他上司进行争辩的故事。当时，为了某个软件的价值问题，双方争执得僵持不下。凯利说："我就建议他们互换一下角色，以对方的立场再进行争辩。五分钟以后，他们便发现自己的行为有多么可笑，两个人都不禁大笑起来，接着，很快找出了解决的办法。"

同事交流，初来乍到说话有"规矩"

能被同事所悦纳的谈话方式有以下几种：

1. 主动承认错误

主动承认自己的缺点，比让别人批评要心情舒畅。

如果你觉察到同事认为你有不妥之处，或是想指出你的不妥之处时，那么，你就要首先自己讲出来，使他无法同你争辩。相信他会宽宏大度，不计较你的过错，能原谅你。

所以，如果错了（这是在所难免的）就干脆认错，这种方法可产生意想不到的效果。

所以，当你要同事接受你的观点时，请遵循这条准则：只要错了，就坚决承认。

2. 耐心倾听

大多数人为使他人接受自己的观点，总爱侃侃而谈，同事之间相处更是如此。应该给别人把话说完的机会，因为他对事情和自己的问题比你知道得更清楚，所以最好是向他提些问题，让他告诉你他认为什么是正确的。

不要因不赞同他的意见而打断他的话，请不要这么做。在他言之未尽的时候，他会对你置之不理，因此请静心听他把话说完并尽量加以理解。要真心实意地听，要鼓励他把话说完。

法国哲学家拉罗什弗科尔说："如果你想树敌，就设法超过自己的朋友；如果你要朋友，就请为你的朋友提供超过你的机会。"

有些朋友，在你受到挫折时比在你获得成功后更高兴，这是完全可能的。最好把自己的成绩看低一些。

我们应该谦虚，因为我们自己没有什么了不起的。我们都会死亡并在百年之后就被彻底忘却。如果总是想在别人面前夸耀自己微不足道的成绩，那生活就太没意思了。最好是让别人讲话。请仔细想一想，你有什么值得自我吹嘘的呢？

所以，你如果想要别人依照你的观点办事，请遵照这条准则去做：给他人多说话的机会，自己尽量少说。

3. 在争论中不抢占上风

十有九次的争吵结果是，每人都更加相信自己是正确的。

实际上在争吵中是没有胜利者的。即使你在争吵中占了上风，说到底你还是失败了。为什么呢？即使你是胜利者，那又怎么样呢？你将扬扬得意。但你的对手会怎样？你让他觉得低你一头，你伤了他的自尊心，他当然恼火。而被迫放弃自己观点的人从来都不是改初衷的。

佩恩·马尔特霍人寿保险公司为其代理人定下的规矩是：不许争吵。

说服某人并不意味着要同他争论。争吵不能改变别人的看法。

好好思考一下，你更想看到什么呢，是想得到表面的胜利还是人的同情？二者兼得的事是很罕见的。

在争论中你的意见可能是正确的。但要改变一个人的看法，你的努力大概会是徒劳的。威尔逊内阁财政部长威廉·马卡杜声称，在多年的政治活动中他悟出了一个道理，就是："任何一个论据也不会说服一个不学无术的人。"

仅仅是不学无术的人不能被说服吗？这样说未免太简单了些。根据经验我们确信，任何一个人，无论其修养程度如何，都不可能通过争论来说服他。

拿破仑的侍卫长康斯坦经常和约瑟芬打台球。他在《拿破仑生平回忆》一书中写道："尽管我台球打得很好，但总是设法让她赢，以此博得她的欢心。"

因此，我们应牢记这一点：在非原则争论中要给予同事取胜的机会。误会是不能靠争吵消除的，它只能靠接触、和解的愿望和理解对方的真诚心愿。

有一次，林肯批评了一个年轻军官，原因是他同自己的一个同事进行了激烈的争吵。林肯说："任何一个想要有所作为的人，都不应在和人争吵上浪费时间，这不是说他不应该允许自己发火和失去控制，而是说在重大问题上如果你感到你和对方都正确，那你就应该让步；在枝节问题上即使你明明知道对方不对，你也应该让步。给狗让路总比让它咬你一口要好，因为即使把狗打死，也不能马上治好你的伤。"

所以，当你与同事发生争论时，请懂得这条准则：在争论中取胜的唯一方法就是避免在争论中占上风。

与同事说话注意分寸

各类是是非非每天都在办公室里发生着，你可能是个很有正义感的人，忍不住要挺身而出"匡扶正义"；也可能是个外向的人，眼里看不惯嘴里要说出来；还可能是个"事不关己，高高挂起"闲事少管的人……但不管你是个什么样的人，都要和同事们日复一日、年复一年地相处下去。这就需要你掌握一些与同事有分寸地说话的方式，在他们中间塑造受欢迎和受欣赏的说话形象与风格，以便身边的同事不至于小看你或者抓住你的话柄找你的麻烦。

与同事相处，也要注意分寸。话太少不行，人家会认为你不合群、孤僻、不善交际；话多了也不行，容易让别人反感，而且也容易让别人误解，认定你是个大嘴巴。所以说，既不多说一句，也不少说一句，才是与同事相处最理想的说话分寸。

如果，某部门主管与你十分要好，有一天，他突然向你求救，说他有一个计划希望与某公司合作，而你与该公司老板或有关人士十分熟稔，请你做中间人，向这位人士游说一番，说几句话。

不错，你与这人的交情很好，但是，你要切记：公私分明。

你不妨婉转、间接一些回答他，例如对方要求你伸出援助之手时，可以打趣地说："其实这件事很简单，你一定可以应付自如的，被我的意见左右，可能不好。"这番话是间接提醒他：一个成功人士，必须独立、自信，而且，这样说也不会损及你们的情谊。

不管同事怎样冒犯你，或者你们之间产生什么矛盾，总之得饶人处且饶人。多一句，不如少一句，凡事忍让一点，日后你有什么差错，同事也不会做得太过分，推你走向绝境。至于如何才能培养出这种豁达的情操，也是有办法的，比如让心思意念集中在一些美好的事情上，当负面的思想产生时，叫自己停止想下去！

好下属是夸出来的，领导要善用赞扬话

正确培养下属的方式中离不开夸赞，要知道好下属是夸出来的，一味地批评下属并不能让下属心服口服。

赞扬是人际交往的润滑剂，在和周围人相处的过程中，我们要毫不吝啬地赞扬别人。一个伟大的领导者，往往独具慧眼，且大多是赞颂别人的专家。

史考伯是美国钢铁公司的总经理，年薪百万。有记者曾经问他："您的老板为何愿意一年付给您超过百万的薪水呢？您到底有什么本事能拿到这么多的钱？"

史考伯回答说："我对钢铁懂得不多，但我最大的本事是能让员工鼓舞起来。而鼓舞员工的最佳方法，就是表现出对他们真诚的赞赏和鼓励。"事实正是如此，史考伯就是凭着赞美他人而年薪超过百万的。

在现实工作中，许多高层主管的做法却与史考伯恰恰相反。有些高层主管懒得用赞美之词，动不动就吹胡子瞪眼睛训斥人。当下属工作出色，你对他的表现很满意，但没有任何表示，只是按部就班地向他布置下一个任务。偶尔出现失误时，你却大发雷霆。员工在这样的状态下工作，自然无法提高工作积极性。

那么，赞美的力量有多大？真有史考伯说的那么神奇吗？答案是肯定的。赞美是调动下属工作积极性的有效方法。赞美可以使员工心甘情愿地为你工作。希望得到尊重和赞美，是每个人的愿望。当一个人得到赞美时，他就会意识到自己的潜力，并努力把身体里蕴藏的潜力发挥出来，努力成为一个成功的人。除此之外，赞美还可以愉悦身心。

有位女士在实验室工作，经常与机器和数据打交道，因此比较严肃刻板。但不久前，朋友们却发现她像变了个人一样，不仅待人热情洋溢，而且穿着打扮也焕然一新。遇到开心的事情时，笑声爽朗，很是动人。大家都很纳闷。后来，才得知她近来换了一个工作环境，那里年轻人多，气氛融洽，顶头上司又是一个充满活力、很会说笑的人，非常赞赏她工作的认真和负责，不失时机地给予她应有的鼓励和赞美，她也感觉到自己好像突然生活在另外的世界里。

赞扬不仅能改善人际关系，而且能改变一个人的精神面貌和情感世界。赞扬的过程，是一个沟通的过程。

我们都渴望得到一句赞美的话，我们都需要被人承认和被人欣赏。每个人都喜欢被人恭维，因此，赞美要慷慨大方一些，绝不能吝啬。

服装店的一个职员发现新上架的一件衣服做工有问题，便及时把它转移到顾客看不见的角落里。值班经理夸她为公司着想，维护公司的美誉，还决定给她加奖金。这位职员受宠若惊，于是更加努力地工作。

这位职员从经理的称赞中获得了快乐，而且这位经理的关心，使她感受到自己在一个温暖的集体中工作，从而激发了工作热情，增强了责任心。

对于领导者来说，赞美员工的方式很多，比如说，"他做了一件很了不起的事"，或者你是如何如何地"需要他，几乎到了离开他就不行的地步"，等等。

当然，赞美不是忽悠，赞美需要真诚。只有建立在以事实为基础上的发自内心的赞美才会产生情感的共鸣。

面对客户，如何通过沟通建立信赖感

现代营销充满竞争，产品的价格、品质和服务的差异已经变得越来越小。推销人员也逐步意识到竞争核心正聚焦于自身，懂得"推销产品，首先要推销自我"的道理。要"推销自我"，首先必须赢得客户的信任，没有客户信任，就没有展示自身才华的机会，更无从谈起赢得销售成功的结果。要想取得客户的信任，可以从以下几个方面去努力。

1. 自信 + 专业

"自信等于成功的一半"，自信心对营销人员非常重要，它直接展示你的精神面貌，无形中向客户传递了你的信心。试想，一位推销人员对自己和公司都缺乏信心，那么要让客户信任和接受你则是很难的。

但我们也应该认识到，在推销人员必须具备自信的同时，一味强调自信心显然又是不够的，因为自信的表现和发挥需要一定的基础——"专业"。也就是说，当你和客户交往时，你对交流内容的理解应该力求有"专家"的认识深度，这样让客户在和你沟通中每次都有所收获，进而拉近距离，提升信任度。另外，自身专业素养的不断提高，也将有助于自信心的进一步强化，形成良性循环。

2. 提问消除对方疑虑

日本推销之神原一平在打消客户的疑惑，取得客户对自己的信任方面有一套独特的方法。

"先生，您好！"

"你是谁啊？"

"我是明治保险公司的原一平，今天我到贵地，有两件事专程来请教您这位附近最有名的老板。"

"附近最有名的老板？"

"是啊！根据我打听的结果，大伙儿都说这个问题最好请教您。"

"噢！大伙儿都说是我啊！真不敢当，到底什么问题呢？"

"实不相瞒，是如何有效地规避税收和风险的事。"

"站着不方便，请进来说话吧！"

"……"

突然地推销，未免显得有点唐突，而且很容易招致别人的反感，以至于被拒绝，先拐弯抹角地恭维客户，打消客户的疑惑，取得客户的信赖感。推销便成了顺理成章的事了。

提出相关的问题，并善意地为顾客解决问题，做顾客的朋友，是打消顾客顾虑的有效方法。

3. 帮客户买，让客户选

推销人员在详尽阐述自身优势后，不要急于单方面下结论，而是建议客户多方面了解其他信息，并申明：相信客户经过客观评价后会做出正确选择的。这样的沟通方式能让客户感觉到他是拥有主动选择的权利的，和你的沟通是轻松的，体会我们所做的一切是帮助他更多地了解信息，并能自主做出购买决策。从而让我们和客户拥有更多的沟通机会，最终建立紧密和信任的关系。

4. 成功案例，强化信心保证

许多企业的销售资料中都有一定篇幅介绍本公司的典型客户，推销人员应该积极借助企业的成功案例，消除客户的疑虑，赢得客户的信任。在借用成功案例向新客户做宣传时，不应只是介绍老客户名称，还应有详细的其他客户资料和信息，如公司背景、产品使用情况、联系部门、相关人员、联络电话及其他说明等，单纯告知案例名称而不能提供具体细节的情况，会给客户留下诸多疑问。比如，怀疑你所介绍的成功案例是虚假的，甚至根本就不存在。所以，细致介绍成功案例，准确答复客户询问非常重要，用好成功案例能在你建立客户信任工作上发挥重要作用——"事实胜于雄辩"。

以顾客感兴趣的话题开头

推销通常是以商谈的方式来进行，但是如果有机会观察推销员和客户在对话时的情形，就会发现这样的方式太过严肃了。

所以说，对话之中如果没有趣味性、共通性是行不通的，而且通常都是由推销员迎合客户。倘若客户对推销员的话题没有一点兴趣的话，彼此的对话就会变得索然无味。

推销员为了要和客户培养良好的人际关系，最好尽早找出共通的话题，在拜访之前先收集有关的情报，尤其是在第一次拜访时，事前的准备工作一定要充分。

总之，询问是绝对少不了的，推销员在不断发问当中，很快就可以发现客户的兴趣。

例如，看到阳台上有很多的盆栽，推销员可以问："你对盆栽很感兴趣吧？假日花市正在开兰花展，不知道你去看过了没有？"

看到的东西，如高尔夫球具、溜冰鞋、钓竿、围棋或象棋等，都可以拿来作为话题。

打过招呼之后，谈谈客户深感兴趣的话题，可以使气氛缓和一些，接着进入主题，效果往往会比一开始就立刻进入主题好。

天气、季节和新闻也都是很好的话题，但是大约1分钟就谈完了，所以很难成为共通的话题。

关键是在于客户感兴趣的东西，推销员多多少少都要懂一些。要做到这一点必须靠长年的积累，而且必须靠不懈的努力来充实自己。

被推销者通常对推销者敬而远之，说得不客气，是深恶痛绝，这是劣质推销文化造成的。经验丰富的人甚至练就了拒绝推销的高招，拟好了各种各样的借口和理由，准备给来犯的推销员当头一棒。聪明的推销员会审时度势，有时候避免正面推销，从对方意想不到的角度切进去。

股票、体育、影视、文学、曲艺、商业……人的兴趣多种多样，一个人不可能样样精通，你没有必要什么都学。人的精力是有限的，你了解一些常识就够了。你要做的仅仅是引起特殊话题，多多应和。如果在交谈中，你的知识确实不足以跟上对方的思路，欣赏不了奥妙的境界，那又有什么大不了？你可以说："我一直想学××（或了解××），可就是学不好。你这么精通，真是了不起！"

投其所好，对对方最热心的话题或事物表示真挚的热心，巧妙地引出话题后，多多应和，表示钦佩。

美国超级推销员乔·吉拉德曾因一时分心丢了一单快到手的生意。那一次，一位即将签约的准客户兴致勃勃地说起他上医学院的儿子，而乔·吉拉德心不在焉，侧耳听其他推销员讲的话，准客户突然说他不想买车子了……后来，吉拉德好不容易弄清对方是因为他在说"儿子、儿子、儿子"时，吉拉德都念叨"车子、车子、车子"，才转而找别人买了车！

光知道这些道理还不够。

一个出色的推销员，是利用种种因素积极行动的人。怎么做？一点都不难。拍一拍对方的孩子，聊一聊对方孩子的成绩，问一问对方的孩子、配偶、父母的健康状况等。

重要的是，你问过的事情一定要记住，不要问好几次同一件事情，却依然记不住，那可就表明你根本没有诚心！

选择引起对方兴趣的话题

选择一个合适的话题是与人交谈的关键。而选择话题的技巧在于以对方为中心，只有如此，才能够使谈话更好地继续下去。

在与人交谈中，我们会有这样的体会：与自己的朋友、家人一起交谈时，总是有说不完的话。但是，一遇到陌生人就无话可说，甚至觉得别扭、烦闷。这是因为你不了解对方所关心的话题是什么。

谈话中，没有人会对自己不感兴趣的话题投入过多的热情，而如果遇到自己感兴趣的话题，他们常常会情绪激昂地参与进来。因此，在与对方谈话时，我们必须选择一些能够引起对方兴趣的话题，从而实现进一步的交流。

小李是个编辑，他曾经与某作者多次进行签订出版合同的交涉，效果都不太理想。双方都感到疲倦。

小李费了一些周折，得知作者是一个爱好打保龄球的人。这次，他打算从这个话题入手。小李先开口说道："上个礼拜天，我到保龄球馆打球，可是手风很不顺，没什么战绩。"

果然不出所料，作者兴致勃勃地问："怎么？你也喜欢打保龄球吗？"

"我虽然不擅长，却很热爱这种休闲活动，经常去打。"

"哈哈！其实我也蛮喜欢这玩意儿，几天不摸球就手痒痒。"

"战绩如何？"

"最高分是 258。"

"啊！这已达到专业水准了。"

作者情绪越来越高，不知不觉中与小李约定下次一同去打球。几天后，双方便签订了合同，而且大致是按照小李所希望的条件订立的。

"酒逢知己千杯少"，两个意气相投的人在一起总觉得有说不完的话。因此，我们在和人交往时，不妨"投其所好"，学会迎合，适当选择对方感兴趣的话题，这才是正确的方式。

两个人对话，如果在其中一个人侃侃而谈的时候，而另一个人昏昏欲睡，那一定是听话方对讲话方的话题没有兴趣。这样的谈话总是会让人感觉到乏味，所以要想赢得对方的欢迎，在谈话的时候就要选择他感兴趣的话题。

当然，如果能够发现你们之间在兴趣、性格、阅历等方面的共同之处，那就更好了。这样可以促使双方越谈越投机，从中获得更多关于对方的信息，迅速拉近距离，增进感情。

匈牙利的米尔沙特是一位多产的著名作家。但是，在他还没有成名的时候，经常遭受出版社的冷眼。他去出版社送稿件，常常被那些编辑不耐烦地推出来。他们对他的稿子一眼也不看，就说那是垃圾并且请他不要耽误他们的时间。

经过多次的打击之后，米尔沙特改变了做法。他后来去出版社，不再主动提及自己的稿件，而是专门谈那些编辑感兴趣的事情。他会向他们提起他们刚刚编辑出版的某本书，并且谈论其中的某些内容。

于是，那些原本对他冷淡的编辑就会放下手中的工作，围过来饶有兴致地发表对于那本书的个人看法。米尔沙特只是在一旁聆听，偶尔表达一下自己的看法，或者有意把话题引到某一位著名作家的身上，使那些编辑如同又进入一个新的天地。米尔沙特逐渐成为他们聊天时不可缺少的客人。他们已经把米尔沙特当作他们的朋友，当然再也不会把他从门口推出去。

当米尔沙特拿出自己的稿件时，他们再也不会说那是垃圾，而是对他说："朋友，你手里的是什么？可以给我们看看吗？"

同是一个米尔沙特，但是在编辑眼里却无异于两个人：一个不会主动寻找令人感兴趣的话题，所以被扫地出门；一个因为善于引起他们谈话的兴趣而赢得他们的欢迎，从而成为著名的作家。

如果不知道对方喜欢什么话题，你可以从以下两方面找话题展开交谈：

1. 从对方得意的事情说起

每一个人都有自认为得意的事情。这事情的本身在别人来看究竟有多大价值并重要，关键是在他本人看来，是一件值得终身纪念的事。你如果能预先打听清楚，在有意无意之间，很自然地讲到他得意的事情，只要他对你没有厌恶的情绪，只要他目前没有其他不如意的刺激，在情绪正常的情况下，他一定会高兴地听你说。

2. 以对方擅长的事情为话题

如果对方的文章写得漂亮，你就要说："听说你又发表了一篇文章，能不能谈谈经验？"

但是你明知对方不擅长写文章，却说："今天我们俩来交流交流写作的体会吧。"这样对方必然沉默以对，或掉头而去，甚至会认为你这是故意和他为难。在这种情况下，双方的人际关系怎么能好呢？

另外，在与人交谈时，我们还应注意谈话的禁忌。比如，交谈时最好不要涉及疾病、死亡等不愉快的事，更要注意回避对方的隐私。尤其是对女性的年龄和婚姻情况、男士的私生活方面的问题。对方反感的问题一旦提出，则应表示歉意或立即转移话题。谈话时还应注意不要批评他人，不要讥讽他人。

善于制造余味无穷的谈话

与人初次见面，若要让人回味无穷，从而渴望再次见面，就应该着力制造一次余味无穷的谈话。

从某种意义上来说，不懂得把陌生人变成朋友的技巧，就会使人生失去许多成功的机会。要善于和陌生人交谈。任何深厚的友谊都是由从陌生到成熟的阶段培养而建立的，可以说学会和陌生人交谈，既是提高个人社交能力的需要，也是结识新友，建立人际关系的重要途径。

初次见面如果让对方意犹未尽，自然就盼望有第二次的见面，这就是人际交往的最高境界。然而怎样才能做到这一点呢？最重要的就是善于制造余味无穷的谈话，让对方在离去后仍旧不断咀嚼回味这次谈话。

一般来说，交谈的话题应该视对方的情形而定，再好的话题若不符合对方的需要，也无法引起对方的兴趣。最好是想办法引出两人都感兴趣的话题，才能聊得投机，然后再设法慢慢地把话题引进自己所要谈论的范围内。

要让谈话留有余味，须使用优美的言辞。假如为了加强印象，故意讲些粗俗的话，则会增加对方的不愉快，弄巧成拙。所以为了使对方对你产生好感，必须言诱和善，讲话前先进行思虑，不要脱口说出伤人的话，而破坏了人际关系。如果你善于让你的谈话留有余味，让人回味无穷，你的魅力就展现了出来，陌生人也在不知不觉间被你吸引。

把陌生人变成朋友，是一个人高超的社交能力和社交艺术的表现和反映。一个人唯有善于把陌生人变成自己的朋友并相处得十分融洽，那才是真正的快乐。学会和陌生人交谈是结交新友，打开交往大门的一把无形的钥匙。

同陌生人交朋友，必须勇于交谈。还要善于巧找话题，有了话题，能使谈话融洽自如。

1. 重视形象

时刻注意自己的形象是非常必要的，人的第一印象是最不容易磨灭的。有效拉近彼此的心理距离才能彼此进一步信赖，才能逐渐地将心灵或思维融合到一起，才能和朋友很快建立亲近感。

2. 说话内容不可过于琐碎

擅长谈话的人，能够利用言语使对方产生好感。要想做到这一点，就必须避免说些芝麻绿豆之类的琐事。眼界要放得远些，谈话内容不妨从大事着手，注意速度的平顺流畅，使对方不由自主地受到吸引。

3. 环境要幽雅

对有些人来说，谈话的艺术就在于毫无艺术可言，犹如穿衣，宽松舒适即可，这种情形常见于朋友闲谈；而在更为高雅一点的氛围内，交谈就变得深奥，时时会流露出人们的真知灼见。

4. 达成默契

若想成功地进行交谈，必须调整自己，以求和对方达成默契，不要对他人的修辞表达过分挑剔，否则交谈会不欢而散。

5. 针对对方的兴趣谈

老人最感兴趣的话题是关于他们自己年轻时候的经历；青年关注怎样才能使自己的才能得以发挥，以及他们的工作、学习、业余生活；年轻妈妈最感兴趣的莫过于她们的孩子。

6. 故意抛出错误观点

有时装作不懂的样子，往往可以听取他人更多的意见，让他人的自炫心理得以满足。反之，如果你表现得太聪明，人家即使要讲，也有顾忌，怕比不上你。如果我们用"请教"的语气说话，引起对方的优越感，就会引出滔滔话语。喜欢教人，而不喜欢受教于人，这是普遍心理。

7. 打破自己造成的沉默

如果是自己太清高、架子大，使人敬而远之，而造成了双方的沉默，在交谈中应该主动些、客气些、随和些。

如果是自己太自负，盛气凌人，使对方反感，而造成了沉默，则要注意谦虚，多想想自己的弱点，适当褒扬对方的优点。

如果是自己口若悬河，讲起话来漫无边际，无休无止，而导致了对方的沉默，则要注意适可而止，给对方说话的机会，不要让人觉得你在进行单方面的"传教"。

用闲谈拉近双方的距离

有些人总是能抓住闲谈的机会扩大人际关系，在不经意的闲谈中找到双方的共同点，在思想上和心理上产生一种共鸣，达成一种共识，从而使彼此之间建立良好的关系。

一些有经验的谈话者在正式进入谈话主题前总会谈些与主题无关的"废话"，比如谈谈天气、拉拉家常、讲讲趣闻等，这样的谈话被称为"闲谈"。

一些社交高手，如政治家、新闻记者，在谈论正事之前都喜欢用闲谈的方式拉近与对方的距离。善于闲谈的人会让人觉得亲切随和，而不善于闲谈的人常被冠以"清高"之名，让人感到难以接近。

事实上，"闲"这个字并不好，总能让人联想到"无关紧要"，因此大家很自然地认为闲谈也是无关紧要的。但许多事实证明，闲谈是一种重要的沟通方式，闲谈可以保持沟通过程的有效性。同时，闲谈中的表情动作以及姿势都能传递一些心理信息给对方，让对方觉得你是一个亲切与可信赖的人。

要想通过闲谈拉近双方的距离，谈出共鸣和共同点，我们就要少谈自己，多谈对方所关心的事。这样，言语才会投机，办事才会顺利。没有人会喜欢一个只讲他自己，而不关心对方的人。人们只愿意和那些与自己有共同话题的人交谈。

曾任耶鲁大学文学教授的威廉莱亚·惠勒普斯曾经在一篇文章中讲述了自己的一段经历：

我在8岁那年的一个星期六，去斯托拉多姨妈家度周末。傍晚时分，来了一位中年男子。他先和姨妈嘻嘻哈哈谈了好一会儿，然后便走近我和我说话。当时我迷上了小船，整天抱着小船爱不释手地玩。我以为他不过是随便和我聊几句，没想到他对我说的全是有关小船的事。

等他走了以后，我对他竟然念念不忘，对姨妈说："那位先生真了不起，他懂得许多关于小船的事，很少会有人那么喜欢小船。"

姨妈笑着告诉我，那位客人是纽约的一位律师，他对小船根本没有研究。

我不解地问："为什么他的话都和小船有关呢？"

"那是因为他是位有礼貌的绅士，他想和你交朋友，知道你喜欢小船，所以专门挑你喜欢的话题和你说。"姨妈笑着告诉我其中的道理。

关系广泛、善于交友的人都是善于交谈的人。即便是完全陌生的人，他也能打破沉默，在闲谈中找到双方的共同点，抓住了共同点就抓住了谈话的话题，自然也就拉近了双方的距离。

第九章

步步为营，
说服要有逻辑

利用同步心理好说服

什么是同步心理呢？同步心理就是凡事跟他人同步调、同节奏，也就是"追随潮流主义"，是那种想过他人向往的生活、不愿落于潮流之后的心理。正是由于同步心理的存在，那种不顾自身财力和精力，也不管是否真心愿意而豁出去做的念头，就很容易趁势而入，支配人们的行为，促使人们盲目地做出与他人相同的举动，因而陷入生活拮据的窘境。"大家都这样"等字眼的频繁使用，正是这种"从众"心理的体现。

妻子："听说小张买了房子，而且还是座小型花园别墅，总共有90平方米。真好啊！我们的一些朋友都已经陆续有了自己的家。唉，真是让人羡慕，什么时候我们也能和他们一样呢？"

丈夫："啊，小张？真是年轻有为啊！我们也得加快脚步才行，总不能在这里待上一辈子吧。可是贷款购房利息又沉重得惊人。"

妻子："小张还比你小5岁呢。为什么人家可以，你就不行呢？目前贷款购房的人比比皆是，况且我们家也还负担得起。试试看嘛！不如这个星期我们去看看吧。现在正是促销那种花园别墅的时机呢。买不买是另一回事，看看也不错！"

于是星期天一到，夫妇俩就带着孩子去参观正在出售的房子。

妻子："这地方真好啊！环境好又安静，孩子上学也近，而且房价也是我们负担得起的。一切都那么令人满意，不如我们干脆登记一户吧！"

丈夫："嗯，是啊！的确不错。我们应该负担得起。就这么决定吧！"

这句话正中妻子之意。她早看准了丈夫的决心一直在动摇，而用旁敲侧击的方法让他做出决定，这是妻子的成功所在。

这位妻子为何能够如愿以偿呢？因为她懂得去激发同步心理。

上述例子中的妻子成功地掌握了丈夫的同步心理，进而采取相应的说服对策。她先举出邻居张先生的例子，继而运用"大家都买了房子""大家都不惜贷款购房"等一连串话语来激发丈夫的同步心理。

通常人们在受到这类刺激后就很容易变得没主见，掉入盲目附和的陷阱。所以，推销员或店员经常会搬出"大家都在用"或"有名的人也都用"等推销话语，促使人毫不犹豫地接受。

运用对方的心理定式，来巧妙说服对方

世界著名的心理催眠专家埃米尔松在对人进行催眠的时候，常准备很多对方肯定会回答为"是"的问题，然后依次问对方这些问题。通过让对方不断地回答"是"，人为地让对方形成一种对任何问题都回答"是"的心理定式，进而达到心理催眠的效果。

在心理学上有个非常著名的原理叫作"刻板印象原理"，说的是一个人在一定的时间内所形成的一种具有一定倾向性的心理趋势会影响他随后的思维方式和言行举止。即一个人在其已有经验的影响下，心理上通常会对某一特定活动处于一种准备的状态，从而使其认识问题、解决问题带有一定的倾向性与专注性。

刻板印象原理无时无刻不在影响着人的思想和行为。有个心理学家曾做过这样一个关于"刻板印象"的实验：

他把同一张照片出示给参加实验的两组大学生看。不过，心理学家事先告诉第一组的学生：照片上的人是一个怙恶不悛的罪犯；告诉第二组的学生：照片上的人是一位伟大的科学家。最后，心理学家让这两组学生分别用文字来对照片上这个人的相貌进行描述。

结果，第一组学生描述道：此人深陷的双眼表明其内心充满了仇恨，突出的下巴昭示着他沿着犯罪的道路越走越远的内心。第二组学生描述道：此人深陷的双眸表明其思想的深度，突出的下巴表明他在求知的道路上不畏艰难险阻的意志。

同一个人，之所以会得到如此截然不同的评价，就是因为评价者之

前得到的关于此人身份的提示有区别。一开始产生了反感，后来就很难认同；一开始认同，往往就会一直认同。在人际交往中，如果能够巧妙地利用人的心理定式，就可以非常简单地让他人点头称"是"，对你心悦诚服。

"今天的天气真不错啊！"

"是啊！"

"夫人和孩子也都好吧？"

"是的，很好。"

"今年是你的本命年吧？"

"是的，我属虎。"

让对方不断地同意你的意见，制造对方"同意"的心理定式。最后，引入正题，对方往往也会同意。

几乎每个人都有过这样的心理经历：用"不"来拒绝对方，并不能让自己心情愉悦，甚至有时会产生不愉快的感觉。相反，表示同意的肯定性回答往往会给自己带来愉快轻松的感觉。也就是说，对人来说，同意是自然的态度，而反对要比同意困难。再加上心理定式对"同意态度的强化"，人在连续地同意了一连串事情之后，要突然转变态度是非常困难的。

因此，通过制造对方"同意"的心理定式来使对方心悦诚服，是切实可行的说服策略。在与人交往的过程中，先就一些对方肯定会表示同意的事情取得对方的同意，使对方形成心理定式，最后再道出正题，往往就会避免双方的许多意见分歧，使彼此在最短时间内达成共识。

巧用"进门槛效应"：先提小要求再提大要求

曾有社会心理学家做过一个经典而又有趣的实验，他们派了两个大学生去访问加州郊区的家庭主妇。

实验过程是这样的：首先，其中一个大学生先登门拜访了一组家庭主妇，请求她们帮一个小忙——在一个呼吁安全驾驶的请愿书上签名。这是一个社会公益事件，每年死在车轮底下的人不知道有多少！不就是签个字吗，太容易了。于是绝大部分家庭主妇都很合作地在请愿书上签了名，只有少数人以"我很忙"为借口拒绝了这个要求。在两周之后，另一个大学生再次挨家挨户地去访问那些家庭主妇。不过，这次他除了拜访第一个大学生拜访过的家庭主妇之外，还拜访了另外一组家庭主妇。与上一次的任务不同，这个大学生访问时还背着呼吁安全驾驶的大招牌，请求家庭主妇们在两周内把它竖立在她们各自的院子的草坪上。可是，这是个又大又笨的招牌，与周围的环境很不协调。按照一般的经验，这个有点过分的要求很可能被这些家庭主妇拒绝。毕竟，这个大学生与她们素昧平生，要求她们帮这么大的忙，真的有些难为她们。实验结果是：第二组家庭主妇中，只有 17％ 的人接受了该项要求。但是，第一组家庭主妇中，则有 55％ 的人接受了这项要求，远远超过第二组。

对此，心理学家的解释是，人们都希望给别人留下前后一致的好印象。为了保证这种印象的一致性，人们有时会做一些理智上难以解释的事情。在上面的实验中，答应了第一个请求的家庭主妇表现出了乐于合作的特点。当她们面对第二个更大的请求时，为了保持自己在他人眼中乐于助人的形象，她们只能同意在自家院子里竖一块粗笨难看的招牌。

这个实验告诉我们，一个人一旦接受了他人的一个小要求之后，如果他人在此基础上再提出一个更高一点的要求，那么这个人就倾向于接受更高的要求。这样逐步提高要求，就可以有效地达到预期的目的。心理学家把这种对别人提出一个大要求之前，先提出一个别人很容易接受的小要求，从而使别人对进一步的较大的要求更容易接受的现象称为"进门槛效应"。

为什么会发生"进门槛效应"呢？当你对别人提出一个貌似"微不足道"的要求时，对方往往很难拒绝，否则显得"不近人情"。而一旦接受了这个要求，就仿佛跨进了一道心理上的门槛，很难有抽身后退的可能。因此当再次向他们提出一个更高要求时，这个要求就和前一个要求有了顺承关系，让这些人容易顺理成章地接受。在这种情况下，比乍一上来就提出比较高的要求，更容易被人接受。

日常生活中有许多利用"进门槛效应"的例子。比如一个推销员，当他可以敲开门，跟顾客进行交谈时，其实他已经取得了一个小小的成功。在这种情况下，如果他能够说服顾客买一件小东西的话，那么他再提出进一步的要求，就很可能被满足。为什么呢？因为那位顾客之前答应了一个要求，为了前后保持一致，他的确会有较大可能性接受进一步的要求。男士在追求自己心仪的女孩时，也并不是"一步到位"提出要与对方共度一生的，而是逐渐通过看电影、吃饭、游玩等小要求来逐步达到目的的。

巧妙运用逆反心理，对其进行善意的说服

妻子说，别抽烟了，看你把家里弄得乌烟瘴气的。丈夫不服气，抽烟怎么了，不抽烟还是男人吗？不愿意闻，就捂住你的鼻子。

爸爸说，写完作业以后再看电视，听见没有？儿子却嚷嚷着，不嘛，不嘛！看完电视再写作业。

这样的现象在日常生活中是十分常见的。你越是让我做什么，我偏不做；你越是不让我做什么，我偏要做。其实，这是人逆反心理的一种体现。逆反心理是人们彼此之间为了维护自尊，而对对方的要求采取相反的态度和言行的一种心理状态。这种现象在青少年中是最常见的，其他年龄阶段的人也会有这种心理。

逆反心理是一种常见的心理现象。每个人都有好奇心，因为好奇而想要了解某些事物。当这些事物被禁止时，最容易引起人们强烈的好奇心和求知欲。特别是只做出禁止而又不解释禁止原因的时候，反而更加激发了人的逆反心理，使人更加迫切地想要了解该事物。因此，你越是

禁止，对方越是想知道，形成一种相对的局面。

逆反心理对个人来说，有一定的好处：它能够张扬个性，打破成规，有利于改变和创新，在一定程度上能够说明当事人有勇气和信心，敢于挑战权威的精神和态度。如果能够得到合理的激发，则有助于一个人潜力的发挥。但是如果逆反心理运用不当，则会使人形成一种狭隘的心理定式和偏激的行为习惯，处处与人对着干，使自己变得固执、偏激，无法客观地、准确地认识事物无论何时何地总是下意识地与常理背道而驰，做出错误的选择和决定。

因为逆反心理可以造成这样的一种心理结果，即你越是制止人们的某种行为，他们越是要这样去做；如果你坚持采取某种行动，结果却会使对方采取相反的行动。利用这种心理效果，我们可以设下一个小"陷阱"，刺激对方的逆反心理，使其主动地钻进来，以达到改变人们某种行为的目的。

心理学家普拉图诺夫在《趣味心理学》一书的前言中，特意提醒读者请勿先阅读第八章第五节的故事。大多数读者却因为被禁止，而激发了逆反心理。不仅没有遵守作者的告诫，而且采取了完全相反的态度，首先便迫不及待地翻看第八章的内容。其实这也是作者的本意，他正是利用人们的逆反心理达到了让人们关注第八章的内容的目的。如果他只是在前言中说，第八章的内容很精彩，希望大家仔细阅读，这样反而起不了太大的作用。

可见，巧妙地利用别人的逆反心理是可以有效地改变其行为的。我们要善于利用这一点，学会对人们进行善意的规劝和说服，同时也要警惕别人利用逆反心理来激你，使你做出不理智的选择。

人们做任何事情都会有自己最初的欲望和想法，不希望受到别人的指使或者限制。如果想要改变他们的行为，巧妙地利用逆反心理是可以实现的。同时，我们也要警惕别人对自己的逆反心理的恶意利用。

制造"共同点"，化敌为友

在生活中，应坦诚待人，不可钩心斗角。但是，有的时候，还是需要讲究一些策略。比如，要争取某人的支持，就可以把双方的共同点扩大，找到共同的利益。

春秋时期，吴国和越国是敌国，经常交战。一天，十几个吴人和越人碰巧同乘了一艘渡船，但都互不搭理。

不料，船到江心时，天色骤变、狂风顿起、暴雨如注，巨浪汹涌而来，渡船剧烈地颠簸着，吴国的两个孩子吓得哇哇大哭，越国的一个老太太跌倒在船舱里。老艄公一面竭力掌好船舵，一面让大家速进船舱。另外两名年轻的船工，马上奔向桅杆解绳索，想把篷帆解下来，可一时又解不开。如果不赶快解开绳索，把帆降下来，船有可能会翻掉。

在这个千钧一发之际，乘客们都争先恐后地冲向桅杆去解绳索，此时也不分谁是吴人谁是越人了。他们那么默契，配合得就像左右手。

过了一会儿，渡船上的篷帆终于被降下来了，船颠簸得也不那么厉害了。老艄公望着风雨同舟、共渡危难的人们，叹道："吴越两国如果能永远和睦相处，该有多好啊！"这个故事讲的就是《孙子兵法》中"吴越同舟"这个成语的来历。

这种心理真的很微妙，心理学家曾做过一个实验来加以证明：

3个人为一组做简单的"撞球游戏"，谁最后被淘汰，谁就是获胜者。显然，这3个人分别构成了敌对关系。结果显示，如果在比赛中，有一个人遥遥领先，那么其他两个人就会联合起来，共同阻挠领先者得分。

了解了人们所普遍存在的这种心理，善加利用，就有可能解除对立者之间的警戒状态，让对方与自己达成一致，获得共赢。例如，具有同等竞争力的中小企业，彼此间难免存在矛盾，进而产生纠纷，甚至会演变到水火不容的地步。这时，如让对方意识到，如果继续敌对下去，会让其他公司坐享渔翁之利。这样，对方就会产生一种危机感，不敢再

"自相残杀"，让共同的敌人获益。而原先的那种敌对情绪也就大大减弱了，彼此间的关系也就更加和谐，从而"化敌为友"，积极解决问题，尽可能实现共赢。

其实，"共同的敌人"也未必真的存在。有些时候，可以故意制造一个"假想敌"，甚至可以演"双簧"，一个扮"白脸"，一个扮"红脸"。当然，这必须配合得天衣无缝，否则会弄巧成拙，使对方产生反感。

此外，还有一种情况："共同的敌人"是存在的，但是又不知道具体是哪一个。在这种情况下，仍需要双方的通力合作。例如，在全球的软饮料市场上，可口可乐和百事可乐是前两强，没有哪个品牌能够挤进去。这就在于可口可乐和百事可乐这两个"宿敌"的默契配合，它们看不到具体的"共同的敌人"，但是它们在激烈的市场竞争中存在着无数的敌人。所以，无论两个"宿敌"如何激烈地竞争，都不靠打"价格战"来挤对对方，只要防住第三方，它们的市场份额就可以继续维持了，利润也就得到了保证。

制造紧张气氛，"逼"对方做出决定

在进行购房、购车等比较大型的消费项目时，很多顾客常常犹豫不决，或者时间紧迫又不想匆忙做出决定。这时候，销售人员如果能够利用一些小技巧，便可促使顾客尽快做出决定以达成交易。例如制造一种紧张气氛，让顾客担心如果此时不做决定就会失去机会。

营销高手玛丽·柯蒂奇是美国米尔房产公司的经纪人，她曾在半小时之内卖出了一套价值 50 多万美元的房子。一天，玛丽正在一处新转到她名下的大房子里参观，忽然发现有一对夫妇也在看房子。玛丽快步走到那对夫妇面前，面带微笑地伸出手说："嗨，你们好，我是玛丽·柯蒂奇。""您好。我是邓恩，这是我太太丽莎。"那名男子说，"我们在海边散步，见这儿有房子就过来看看。我们不知道……""欢迎欢迎！"玛丽说，"我是这栋房子的经纪人。""我们是顺道来的，车子就放在门口。我们从弗吉尼亚来这里度假，过一会儿就打算回去了。"

丽莎临窗看海，顿感心旷神怡，她自言自语地说："这儿真美！简直美极了！""但是亲爱的，我们必须回去了，要回到冰天雪地里去。"邓恩无奈地说，"这真是一件令人不开心的事情！"邓恩问起房子的情况，"这套房子上市有多长时间了？"

"老实说，这套房子在别的经纪人名下有半年了，今天才刚刚转到我的名下。房主急等着用钱，现在降价出售，我想应该很快就会成交。"玛丽回答。

丽莎对邓恩说："要是我们能有一套海边的房子就好了，因为我非常喜欢大海。如果那样的话，我们以后就可以常常去海边散散步。"

玛丽就问丽莎："您先生是做什么的？他的工作一定很辛苦吧？"

"邓恩在股票公司做事，他的工作非常辛苦。我希望他能够好好休息、多多放松，这也是我们每年都到佛罗里达旅游的原因。"丽莎说。

"我想，如果你们每年都来这里的话，就应该在这里有一套属于自己的大房子。您想想，每次来到这里，就好像回到了自己的家一样，那是多么舒服啊。更重要的是，这样不仅可以大大提高你们的生活质量，也将大大延长你们的寿命。"玛丽说。

"我也是这样想的。"丽莎和邓恩几乎同时说出了这句话。

接着，他们就陷入了沉默。玛丽知道他们在思考，所以也不说话，等着邓恩开口。过了片刻，邓恩开口说："我还是感觉房子的价格有点高。"

"房价其实很合理，我想很快就会卖掉的，我以我的经验保证。"

"为什么如此肯定？"

"能够眺望海景的房子并不多，不是吗？而且，房子刚刚降价。"

"但我发现这里的房子有很多。"

"我承认，这里的房子是很多。我相信您也看了不少。我想您不会没有发现，这套房子是很少的拥有自己车库的房子之一。您只要把车开进车库，就等于是回到了家。并且，这套房子附近有这里最好的娱乐场所和大小餐馆，别的房子就没这么多的方便了。"

邓恩想了想，向玛丽报了一个价，然后很果断地说："这是我愿意购买的价格，再多一分钱我都不想要了。"

玛丽一听邓恩的报价只比房主的要价少1万美元，就说："您的条件我想应该没问题，但我需要您的1万美元作为订金。"

"这个没问题，我现在就可以给你写一张支票。"邓恩说。

"请在这里签名。"玛丽把合同递给邓恩。

至此，整个交易宣告完成。玛丽从见到这对夫妇，直至交易成功，用了还不到半小时的时间！压力推销是指推销员使用强有力的语言给客户造成购买是唯一出路的感觉，促使客户做出购买决策的一种推销方法。这种方法对那些已对产品动心的客户，或者是那些准备买，但又有点犹豫的客户最管用。而使用这种强有力的语言的能力是推销员能力的一种体现。这个案例就是推销员使用压力推销法成功拿下大客户的一个经典案例。

在这个案例中，我们发现邓恩夫妇虽然很满意这套临海的房子，但他们当时并没有购买的意思。假如玛丽只是将自己的名片交给他们，事情多半会泡汤。玛丽知道，在这种情况下，必须利用邓恩夫妇在现场的有限时间，快速完成交易。怎样才能快速地完成这项交易呢？玛丽采取的方法很简单，即制造紧张气氛，给对方传递一个信息：想买的话就赶快，否则就没了。此招果然见效，在短短的半小时之内，玛丽就完成了其他经纪人半年都没有完成的任务。

可见，给客户加压是一种比较有效的心理战术，它会使客户在无形中感到一种压力。但他们感觉不出这是推销员施加的压力，而以为是他们自己造成的。因此，使用这种推销技巧，就需要推销员说话具有感染力，对于环境有极强的控制能力，并且能够灵活地加以变换。

点到他的利害之处，让说服更有效

说服别人就像"打蛇打七寸"一样，抓住对方切身利益，会使他的心弦受到颤动，促使他深入思考，从而放弃自己消极的、错误的行动。

20世纪90年代，春风剧场门前有一位年近六旬的老太太摆着一个小摊，卖瓜子、花生之类的小食品。某日，市里要检查卫生，剧场管理员小王要老太太回避一下，说："老太太，快把摊子挪走，今天这里不许卖东西。""往天许卖，今天不允许卖，世道又变了吗？""世道没有变，检查团要来了。""检查团来就不许卖东西？检查团来了还许不许吃饭？""检查团来了，地皮不干净要罚款的。"小王加重了语气。"地皮不干净关我什么事，他肥肉吃多了拉稀屎，能去罚卖肉的款吗？"小王无言以对，悻悻而退。管理自行车的老刘师傅随后走了过来，说道："老嫂子，你这么一把年纪，没早没晚的，又能挣几个钱？检查团来了，真罚你一笔，你还能打场官司不成？再说，检查团不会天天来，饭可是要天天吃，生意可是要天天做的。""嗯！姜还是老的辣。好，我走，我走。"老太婆边说边笑着把摊子挪走了。

管理员小王之所以劝阻不成反讨没趣，是因为他只是一味地讲抽象的大道理，却没有站在老太太的角度上耐心地帮助她分析利弊。而老刘师傅就懂得这一点，他从老太太的切身利益出发，向她指出了只考虑眼前的小利而不顾长远利益的不良后果，使她真正认识到了自己固执行为的不明智，于是心服口服地接受了规劝。

巴西球王贝利，在很小的时候就显示出了踢球天赋，并且取得了不俗的成绩。

有一次，小贝利参加了一场激烈的足球比赛。赛后，伙伴们都精疲力竭，有几位小球员点上了香烟，说是缓解疲劳。小贝利见状，也要了一支。他得意地抽着烟，看着淡淡的烟雾从嘴里喷出来，觉得很潇洒、很前卫。不巧的是，这一幕被前来看望他的父亲撞见了。晚上，贝利的父亲坐在椅子上问他："你今天抽烟了？"

"抽了。"小贝利红着脸，低下了头，准备接受父亲的训斥。

但是，父亲并没有骂他。他从椅子上站起来，在屋子里来回地走了好半天，才开口说话："孩子，你踢球有几分天赋。如果你勤学苦练，将来或许会有点儿出息。

"但是，你应该明白足球运动的前提是你具有良好的身体素质，可今天你抽烟了。也许你会说，我只是第一次，我只抽了一根，以后不再抽了。但你应该明白，有了第一次便会有第二次、第三次，每次你都会想：仅仅一根，不会有什么关系的。但天长日久，你会渐渐上瘾，你的身体就会不如从前，而你最喜欢的足球可能因此渐渐地离你远去。"

父亲顿了顿，接着说："作为父亲，我有责任教育你向好的方向努力，也有责任制止你的不良行为。但是，是向好的方向努力，还是向坏的方向滑去，主要还是取决于你自己。"说到这里，父亲问贝利，"你是愿意在烟雾中损坏身体，还是愿意做个有出息的足球运动员呢？你已经懂事了，自己做出选择吧！"

说着，父亲从口袋里掏出一沓钞票，递给贝利，并说道："如果不愿做个有出息的运动员，执意要抽烟的话，这些钱就作为你抽烟的费用吧！"说完，父亲走了出去。小贝利望着父亲远去的背影，仔细回味着父亲那深沉而又恳切的话语，不由得掩面而泣。过了一会儿，他止住了哭泣，拿起钞票，来到父亲的面前："爸爸，我再也不抽烟了，我一定要做个有出息的运动员！"从此，贝利训练更加刻苦。后来，他终于成为一代球王。至今，贝利仍旧不抽烟。

一个人最关心的往往是与自己有关的利益。因为人们毕竟生活在一个很现实的社会里，虽不能说"人为财死，鸟为食亡"，但人要生存，就离不开各种与己有关的利益。所以，当你想要劝说某人时，应当告诉他这样做对他有什么好处，不这样做则会带来什么样的不利后果。相信他不会不为所动。

表明好处在先，说服人更易

　　法国国王路易十四当政期间，王室挥金如土，穷奢极侈，出现了严重的财政危机。路易十四为满足其挥霍享用的需要，打算向著名银行家也就是自己的老朋友贝尔纳尔借钱，可遭到了拒绝。

　　因为贝尔纳尔早已听闻此事，而且傲气十足。虽要借钱，国王也不能卑躬屈膝吧？路易十四左思右想，设下一计。

　　一天下午，国王从马尔利宫走出来，和经常陪同他的宫廷人员一起逛花园。他走到一幢房子前停了下来，那座房子的门敞开着，德马雷正在里面举行盛宴款待贝尔纳尔先生。当然，这桌宴席是事先奉国王之命准备的。

　　德马雷看见国王，急忙上前行礼。路易十四满面笑容，故作惊讶地看着他们说："啊！财政总监先生，我很高兴看到你和贝尔纳尔先生。"国王又转向后者说："贝尔纳尔先生，我的老朋友，好久不见。对了，你从来没有见过马尔利宫吧，我带你去看看，然后我把你再交给德马雷先生。"

　　这是贝尔纳尔没有料想到的事，他觉得能得到国王的邀请非常幸福和荣幸，于是跟在国王身后到养鱼池、饮水槽，在塔朗特小森林和葡萄架搭成的绿廊等处游玩了一遍。

　　国王一边请贝尔纳尔观赏，一边滔滔不绝地说了些漂亮话。路易十四的随从们知道他一向少言寡语，看到他如此讨好贝尔纳尔都感到很惊奇。

　　游玩之后，路易十四还送给了贝尔纳尔一箱非常珍贵的葡萄酒，说希望他们的友谊地久天长。贝尔纳尔极其兴奋，答谢后回到德马雷那里。他赞叹国王对他如此厚爱，说他甘愿冒破产的危险也不愿让这位优雅的国王陷入困境。

　　听了这番话，德马雷趁着贝尔纳尔心醉神迷的时候，提出了向他借600万元巨款的要求，贝尔纳尔欣然应允。

　　这600万元可不是一笔小数目。路易十四如愿以偿，当然不只是因为他们的朋友关系和国王的面子，还与他的"糖衣战法"有很大关系。

一旦接受了人家的好处，再拒绝人家的请求，就不那么好意思开口了。"滴水之恩，必涌泉相报"，聪明人喜欢运用这一战术。

因此在说服他人时，尤其是一些交情不太深厚的朋友，我们不妨先给他们点"甜头"，拉近彼此的距离，这样更容易达成目标。

图书在版编目 (CIP) 数据

逻辑沟通力 / 苏墨著 . –– 北京：中国华侨出版社，
2019.8（2020.7 重印）

ISBN 978-7-5113-7941-2

Ⅰ . ①逻… Ⅱ . ①苏… Ⅲ . ①语言艺术–通俗读物
Ⅳ . ① H019–49

中国版本图书馆 CIP 数据核字（2019）第 150498 号

逻辑沟通力

著　者 / 苏墨
责任编辑 / 刘雪涛
封面设计 / 冬　凡
文字编辑 / 朱立春
美术编辑 / 吴秀侠
经　销 / 新华书店
开　本 / 880mm×1230mm　1/32　印张：6.5　字数：177 千字
印　刷 / 三河市京兰印务有限公司
版　次 / 2019 年 9 月第 1 版　2021 年 10 月第 3 次印刷
书　号 / ISBN 978-7-5113-7941-2
定　价 / 36.00 元

中国华侨出版社　北京市朝阳区西坝河东里 77 号楼底商 5 号　邮编：100028
法律顾问：陈鹰律师事务所
发 行 部：(010) 88893001　　传　真：(010) 62707370
网　址：www.oveaschin.com　　E–mail：oveaschin@sina.com

如果发现印装质量问题，影响阅读，请与印刷厂联系调换。